江戸の閨房術

渡辺信一郎

新潮選書

江戸の閨房術・目次

江戸の閨房術

まえがき

公《おおやけ》にはしないが、人として必ず行うのが、性行為である。男女の交接は、江戸語では交合《こうごう》と言うのが普通である。しかし、褻《け》の世界に属しているために、これに関する書物や記録は、古典として扱われる事が少ない。

では、これらの記録が無いのかと言えば、とんでもない、数百年も以前から厳然と存在している。特に、本書で引用しているのは江戸時代の諸作であるが、それを読むと何とも楽しい。子孫を残すという意味合いより、交合を楽しむという観点から描かれている、これらの色道指南書は実に詳細を極めている。この楽しさを現代人にぜひとも紹介したい、というのが執筆の第一理由である。

江戸の中期から華開いた性愛文化は、貴族や武家のものではなく、庶民たちのものであり、しかもそれらは想像以上に先進的なのである。上方版の『好色袖鑑《こうしょくそでかがみ》』（天和二―一六八二）や『好色訓蒙図彙《きんもうずい》』（貞享三―一六八六）などは挿絵を添えた本格的な色道指南の体裁を整えている。西欧の性学の研究は我が国よりも遥かに遅く、ハヴロック・エリスの『性心理学研究』（一八九七―一九二八）には、我が国の色道指南書からの引用が各所にあるという。これらの色道指南書を著した先人たちの苦労と情熱を感受し、文化としての豊穣を、読者と共々に享受したいというのが第二の理由である。

単なる色事を描いたり、その秘戯図を読者に見せるのは、枕絵や艶本《つやほん》などと称され、莫大な数の冊子が現代に伝承されている。これらとは異なり、いかに交合の快楽を男女ともに満喫するかという観点から纏《まと》められたのが、色道指南書（色道奥義書）である。恐らく、女たちよりも男たちに読み継がれた色道指南書は、互いの性器の構造を知り、その機能を熟知した上で、到達度が遅い女の絶頂をどう導くか、という一点を目指して纏められている。一人勝手に男が摩擦を反復して、射精するのでは無く、精液を浪費せずに相手の女の絶快とどう一致させるか、という技法なのである。

世の中には、女の人格を尊重し、男には無い資質を認め合って協動生活（婚姻生活）をする男性と、女の肉体的な機能のみに惹かれて、女との快楽を満喫しようとする男性と、二種類に分ける事が出来そうである。端的に言えば、前者は「一穴主義」であり、後者は「多穴主義」の者である。特に後者の男は色豪などと呼称され、多くの女と交渉した事を自慢にする。この「色事好み」（「色好み」では無い。「色好み」は平安時代の男の理念である）の代表的な人物を、色道指南書の著者たちは在原業平《ありはらのなりひら》に仮託している。俗説の一つに、業平は実に三千三百三十三人の女と接したという。己の経験から書いたと目される色道指南書は、この後者に属する男たちによるものなのかも知れない。

時代が進んでも、ここに引用した色道指南書の挿絵を全て公開する所までには至っていない。流布本は始めから局部がカットされているものもある。しかし、これだけの素晴らしい性愛文化を凝縮した江戸冊子が存在し、心ときめく挿絵が添えられているのは、事実である。本書によって興味を覚えた方々は、いずれかの機会を捉えて、各冊子の全貌を目視して頂きたい。また引用した原文には極力ルビを振った。味わって読んで頂きたい。

本書は色道指南書の趣を損なわない程度に引用し、その紹介に努めた。もしかすると「悪魔の書」の誹《そし》りを免れないかも知れないが、文化の伝承を享受するという目的が有ることを強調したい。本書のどのページから捲って頂いても、当時の先人たちがなぜここまで観察し、探査し、実践したか、その弛《たゆ》まざる熱意には感嘆するに違いない。

世界に冠たる江戸の性愛文化の一端を、ここに披瀝し、その素晴らしさに共感して頂きたい。それが著者の切なる願望である。

平成拾の六っつの年

渡辺信一郎

第一章　玉門品定め

一、玉門に多くの異名がある

女性器の品定めは、いつ頃から指南書などに記載されはじめたかは、明らかではない。管見の範囲では、『房内戯草《ぼうないたわれぐさ》』〔別名「業平戯草《なりひらたほけぐさ》」〕〔寛文三―一六六三〕がその嚆矢《こうし》ではないかと思われる。そこには、珍しい語彙を使って、女陰の別称をまとめている。意味の取れない部分もあるが、特異な内容であるので、引用する。

昔男の曰く、女の開《かい》に四十八の名有り。そのうち良き名には、「しほいずみ」「りんゐのごう」「てんやくのすけ」「ちごのて」「水はじき」「さこめ」なり。これは良き名也。悪《あ》しき名には「すぎばり」「あしのよ」「ふるせ」「にもちゐ」「ひきめ」。是《これ》は悪《わ》ろき名なり。良き名の中に「りんゐのごう」と言ふは、添《そ》ひて後《のち》、離《はな》れ難《がた》き拵《こしら》へに、かく言ふ。「てんやくのすけ」と言ふは、此女《このおんな》に合《あ》ひては、病薄《やまいうす》る故《ゆえ》也。悪名《あくな》には、「すぎばり」と言ふは、底に針のやうなる物、男の玉茎《たまぐき》を刺す也。「あしりよう」とは、穴狭《あなせば》くして入《い》らず。「ふるせ」とは、痛むことのみ有りて、よしと思ふ事なし。「あかりしょうじ」とは、両側より皮ばかり引《ひ》き覆《おお》ひて底《そこ》にみなし。「にもちゐ」とは、一度交《まじ》はりて後《のち》に、やがて飽《あ》く拵《こしら》へ也。

仮名書きは意味が取り難いので、少し無理に漢字を当てると、良き名は「皺泉《しおいずみ》」「輪廻劫《りんねのごう》」「典《てん》薬助《やくのすけ》」「稚児手《ちごのて》」「水弾《みずはじき》」「小籠《さこめ》」であろうか。悪い名は「杉針《すぎばり》」「葦節《あしのよ》」「旧瀬《ふるせ》」「似餅《にもちい》」「蟇目《ひきめ》」などであろう。この名は、俗語では無くて、単なる別号のようである。「輪廻劫《りんねのごう》」は、一度交われば離れがたき女陰の意味である。「典薬助《てんやくのすけ》」は、医薬を司るという意から、この女陰は病を遠ざけるとしている。

悪名の方は、子宮脱や鎖陰や広陰のことを言っているようである。性愛文化語彙として、今後の研究材料となり得るのではなかろうか。

二、上付《うわつ》きは上開《じようかい》

江戸中期の性愛百科全書に、『好色訓蒙図彙《こうしよくきんもうずい》』（貞享三―一六八六）がある。ここでは様々な性愛の諸相が述べられているが、まず「屄論《へきろん》」と題して、次のように記されている。女陰の外相から説き始めている。

上開の相、第一生まれつき有るところ高し。縦の＊＊いさし、ふくらかにして、蒸したての饅頭は物かは。毛は額のほうに茂げからず、薄からず、やはやはとして、たとへば、臘虎《らっこ》の皮に恋風誘ふ也。御さねの割れ、両方よりうち合ひ、御内陣温かにましまして、内に肉《しし》ありて、れきを挟《はさ》む様《よう》に締《し》まるなり。この故に、歴《れき》の大小ともにいづれにもよく、相応する事、水は方円の器に従ふが如し。内のかた、うはつらに蜜柑の袋のやうなる物あり、いかにも柔らかに、ふくらか也。（＊＊は判読不可能）

先ず、上開の相の外観について述べている。第一に上付きであり、ふっくらとして蒸し立ての饅頭のように素晴らしいという。ふくらかな饅頭を二つ合わせると、その合わせ目が優美な空割《そらわ》れ（陰裂）に相当する。陰毛は陰阜《いんぷ》にあまり繁っておらず、濃すぎず薄すぎず、やわやわと軟和であり、猟虎《らっこ》の皮を想像させるばかりである。「らっこの皮」とは、その毛は柔和で、手で撫でるとその方向に靡《なび》くと言われる。陰核包皮は、両方から襞が寄り合い、膣前庭部は温かみを帯び、内側には肉襞が畳み込まれてあり、男根を挟むように締まるものである。このため、大小の男根にもいかようにも応じ、水が方円の器に従うようにしっくりと合致する。膣の入口の内側上部には、蜜柑の袋のような肉襞があって、いかにも柔らかくふっくらとしている。この点については、江戸中期の艶本にも、「鶏のとさかのような、蜜柑の袋のようなものがある」と描かれている。

『好色訓蒙図彙』は、さらに次のように続く。

さて、とつとの奥のところに、うはつらにつきて、奥より指を差し出《いだ》したるやうなる物、いづれにも有り。形《なり》はかくの如し。（図）此先に微細《みさい》なる通路有りて、これより真婬《しんいん》の精汁出、これより男の精を通じ、これより子宮に通ずる也。但、これに大小有り、上開は少し大ぶり也、とつと長ふいでたる御方が、一戦の時、徼《ぎょう》にむづがる也。さる程に、此所に殿様の御道具が当たり侍るごとに、つねに操に実方《じつかた》なる賢女たちも、無二感起こりて、霞の中の鶯、

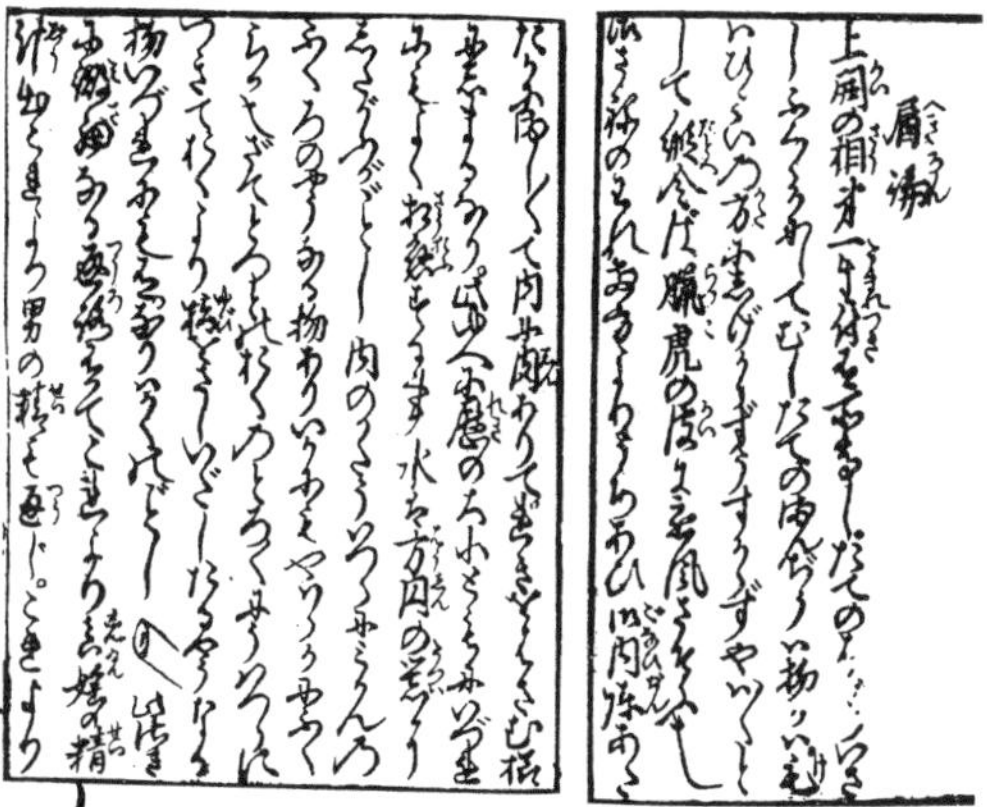

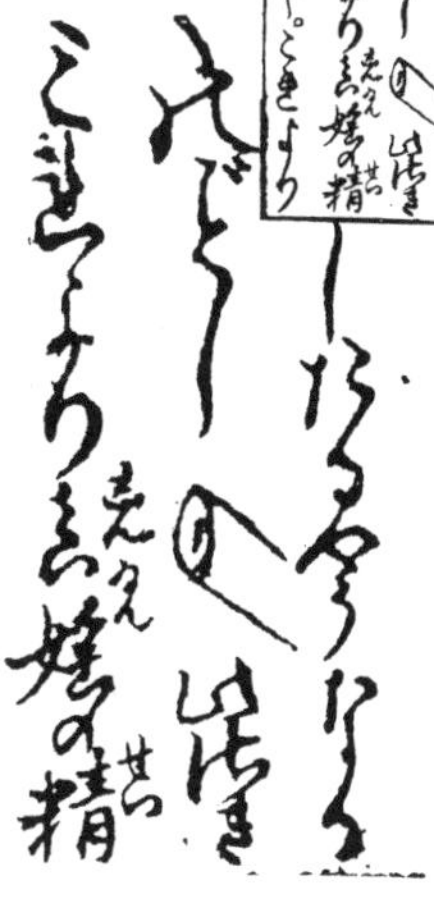

屁論（『好色訓蒙図彙』）

梅が香《かおり》に誘はれ、覚えず初音《はつね》をときめくなり。謹而惟《つつしんでおもんみれば》、是はこれ、かけまくもかたじけなくも、天地二儀の太夫もと、万物出生の門也。実《まこと》に其玄妙の至理《しいり》は、言舌道絶え、玄の玄たる諸和《しよわ》気《け》也。

さて、少し出張っている所の奥に、上方に付いていて指を差し出したような物が、どんな女陰にもある。形は図示されていて、ちょうど芯のある丸い鉛筆の先端部のような物が描かれている。この先には小さな穴があって、この穴から愛液を出し、男の精液を通じ入れ、子宮に通じている。つまりこれが、子宮膣部の頸管の突出である。

この書では、行為上の実感よりも鋭い観察に基づいているようである。この「指を差し出したるような物」は、大小の個人差があって、上開のそれは少し大きめであるという。

この突起が長く出ている女陰は、交合に際して激しく悶える。であるから、ここに男のお道具が当たる度ごとに、慎み深い女たちでさえ、無上の愉悦感に襲われて、霞の中の鶯が梅の香りに誘われるように、我を忘れて嬌声を発することになる。

深遠に考えれば、この交合の快美感はかたじけなくも男女の道であり、自然の摂理であり、実にこのえも言われぬ玄妙な真理は、言葉で表現が不可能であり、奥深い絶妙なるものの根源なのである、と説く。

さて、続いて下開《げかい》の部に入る。

下開の相、第一有所下段なり。境内広く、そこばかりなくして、武蔵野のごとく、矛先に当たる海原も無く、うちあたたげなし。毛こはくして、藪の如く、或は短く疎《まば》らにて、萩の焼け原の如し。上品《じようぼん》の歴《れき》は長《たけ》五寸に過ず、或は四寸を上とす。然るに、下開はとつとひきく侍る故に、例へば七八寸の道具、上村吉弥、業平の再誕が秘術を尽くして行ふといへども、奥の感通に当たらざる故に、精巡らずして、おるすに物申するが如し。

交合にとっての最悪の女陰の構造は、下付きであるのが決定的である。挿入しても、ただ広いだけで、突き当たりも無く、茫々と無限に広大な武蔵野のようであり、先端に触れる物も無く、温かみも皆無である。毛も剛《こわ》く竹藪のようであり、または貧相に疎《まば》らで萩の焼け野原のようである。優秀な男根は長さが四五寸ぐらいであるが、下付きの女陰は、股の奥にあるので、希代の色豪の業平の生まれ変わりという上村吉弥《きちや》が、七八寸の上物を用いて秘術を尽くしても、女陰の奥の感応部分に当たらないために、快感には至らず、留守の家に声を掛けるようなものである、と述べている。つまり、下付きの女の場合は、本手で行う際には、男はかなり腰を低くしなければならず、挿入しても膣軸は下向きであるために、男根は膣口に留まってしまう。そのために、奥に挿入するべく掬い上げるような姿態と運動を余儀なくされる。上村吉弥は延宝（一六七三〜一六八一）頃の女形俳優で、美男として人気が高かった。

ある婦人科医の記録を読んだことがある。仰向けに寝かせ、膝を立たせて股間を開かせた女に、ガラス棒の大きめの温度計を膣深く挿入させたところ、余った部分のガラス棒が、あたかも天井を指すように直立に近い角度で竚立《ちよりつ》したそうである。記録者も感嘆し、種々の経緯を経て、その女陰と交合したそうであるが、その乗り具合のよさに感激したという。このような上付きの女陰も、万に一つはあるということになる。下付きの場合は、快感よりもむしろ疲労の蓄積の方が多

下開　　上開

（『好色訓蒙図彙』）

いと言われる。『好色訓蒙図彙』では、さらに、下開の外容から様子を述べる。

　下開、外相より見るには、腹垂れ腹、或は臍のしたこけ、或は鳩胸、内股の付け根に肉《しし》無くして、筋太く立ち、或は股の付け根、上の方に骨高く立つ也。後ろより見る時は、或は背だは、或は背直ぐにして、弱腰細く、第一尻出る也。汁《おつけ》多く、びた付く事、長柄の橋柱はいそ也。或は汁《しる》無く乾き、芬々たる香り、得も言はれず、あを蠅がおも沸く也。又はうち冷たし。うちに毛が生えたり。右之悪相、国土のつゐえ、おやじのつらよごし、天竺牢人也。

　下開であることを、外観から判断するには、腹は垂れていて締まりが無く、臍下にも肉は無くて痩《こ》け、胸部は鳩胸であり、内股の付け根も肉付きが無くて貧相であり、筋太く目立ち、または内股の付け根の上方が武骨に骨張っている。後姿を見ると、背が曲がっていたり、または真っ直ぐではあるが、腰部が細く、第一の欠点は出っ尻である。交合に際しては愛液がふんだんに出てびたつく不愉快さは長柄《ながら》の橋柱（口に出して言えば、わざわいを招くという例え）以上である。または、交合に際して汁けがまったく無く、かさかさと乾いて、芬々とした悪臭は言葉にも表現出来ず、蠅が湧くかと思われるほどである。または、内奥に暖かみが乏しくて冷たい。しかも内側にまでこわい短毛が生えている始末である。

　これらの悪相のものは、国土に存在するだけで無用の損失であり、好き者の男たちの面目を失わせ、宿無しの風来坊と言ってしかるべきである。

　このように、下開については、言葉を失うほどに酷評している。現世における人間の邂逅の不可思議さは、男女の巡り合いにも相当し、着物のように何回も試着してから選ぶという訳にも行かない。上開は千人に一人と言われるから、その確率は〇・一パーセントに過ぎない。それに遭遇することは、先ず不可能と思わざるを得ない。

かねてより、「下半身には人格は無い」と断じているが、頭脳的な明晰さと性器の優秀さとは隔絶された無縁のものである。

三、七種に分類する

上方版の家庭用医学書に『医《い》道日用重宝記《どうにちようちょうほうき》』（宝永六—一七〇九）というのがあるが、当時の庶民向けの重宝な書として、何度も版を重ねたベストセラーとなっていた。この体裁から内容までもそっくり借用したパロディーが『艶《び》道日夜《どうにちや》女宝記《じょほうき》』（明和期—一七七〇頃）である。

そこには「七開之《しつかいの》図《ず》 幷註《ならびにちゅう》」として七つの絵があり、それぞれの特徴を描いている。

新開《あらばち》は、たびたび交合すれば、さね伸《の》び別《わか》る也《なり》。
中品《ちゅうぼん》は、小股《こまた》長く、谷合《たにあい》の所に有り。この類《るい》は多し。
下品《げぼん》は、はら長く、開、後ろへ廻《まわ》りたる也。
土器《かわらけ》は、毛無《けな》しぼぼにて、潤《うるお》ひ少《すく》なし。
毛開《けぼぼ》は、開の左右満面生《は》へれど、味《あじ》良き物也。

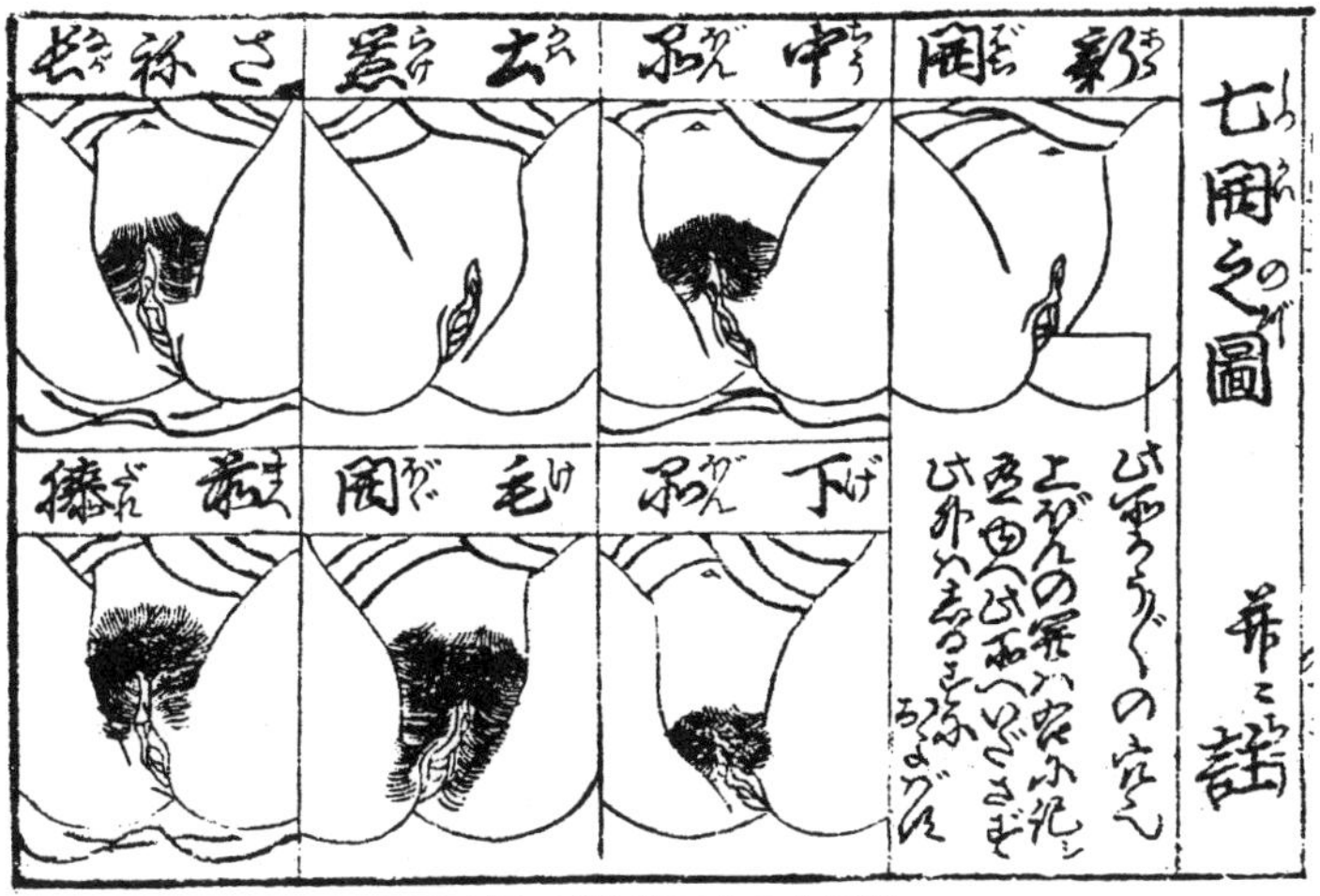

七開之図（『艶道日夜女宝記』）

核長《さねなが》は、堅《かた》き故《ゆえ》、締《し》まり良《よ》けれど、味無《あじな》し。
前膝《まえだれ》は、さね大きくして、伸《の》び下《さが》りたるなり。

「新開」は未通女のそれで、陰核が包皮に埋もれており、交合を重ねれば陰核は包皮から先端が露呈するようになるとしている。「中品」は、空割れ（陰裂）の両側の土手が長く、股間の中程のところにあって、この類の女陰が大方を占めている。「下品」は、臍から空割れまでの距離が長く、かなり下付きの様相である。男は足を屈して腰を下げねばならず、挿入も楽ではないということになる。「土器《かわらけ》」は無毛で、愛液の分泌が少ないという。「毛開」は股間に性毛が広く密生しているもので、交合の旨みはあるとしている。「核長《さねなが》」は、陰核が長くて、男の恥骨部分に堅く当たり、締まり具合も悪くは無いが、旨みに乏しい。「前膝《まえだれ》」は、陰核が大きくて、伸びて下方へ垂れ下がっているものである。

ここには「上品」は記されていないが、注として、

上品の開は、右に記し有る故、此所へいださず。此外はしるすに及ばず。

とあって、上品の女陰の絵が四頁前に描かれている。（左図参照）性毛はあまり多くは繁茂せず、上付きの女陰である。

色道の探究者たちは、数多くの女陰を観察し、数多くの交合を実践して、女陰のランクを設定したのである。また先発の色道指南書を精読し、その説を借用した場合もあったと思われる。

ちなみに『女大楽宝開《おんなたいらくたからべき》』（宝暦初――一七五五頃）には、

一高、二まん、三蛤、四蛸、五雷、六洗濯、七巾着、八広、九下、十臭い。

七表上品之相

と、十ランクの女陰が述べられている。

『艶道日夜女宝記』では、加えて、男根の九種について図示し、それに説明を加えている。

俗に、黒くて麩まらは大極上と言われる。

長《ちょう》は、長くして竿の如し。思ひの儘《まま》に行へば、玉門を貫き、病を求む。
麩《ふ》は、柔らかにして開中の当たりよし。いかやうの玉門に合《あわ》せても良き也。
小《こまら》は、短く小さき故《ゆえ》、女、堪能《たんのう》少《すく》なければ、毒にも薬にもならず。
下反《したぞ》りは、開中の構《かまえ》と食違《くいちが》ふたる故、出入りの具合《ぐあい》悪《あ》しく、下まら也。
上反《うわぞ》りは、玉門に入りて構《かまえ》に応《おう》じ、開の上面《うわつら》を擦《こす》る故、具合良し。
太《ふと》は、開中に入れ、半ばになりてははなはだ締《し》まり良し。あら開《ばち》は叶《かな》はず。
雁《かり》は、かり高《たか》なり。是《これ》も開中の上面《うわつら》を鋭《するど》くしごきて良し。
被《すぼけ》は、玉門に入りて、出入りに術を尽くすと雖《いえど》も、互《たがい》に味《あじ》はひ無《な》し。
大《どうがえし》は、まれの道具にして名品なれば、玉門を選《えら》み、並《なみ》の女は受《う》け難《がた》し。

さて、いかがであろうか。「長《ちょう》」は、ただ長いだけで、女への効果は少なく、無闇に突けば、女陰を貫いてしまい、疵を負わせることになる。「麩《ふ》」は、柔らかくて膣内の隅々まで密着して、当たり具合は最高である。大小長短の女陰にも適合する。「小《こまら》」は、短小で、女は交合の旨みを堪能することが出来ず、毒にも薬にもならないと断じている。「下反《したぞ》り」は、膣軸の方向と違うので、抜き差しの具合がうまく行えず、下品《げぼん》である。それに比して「上反《うわぞ》り」は、膣軸と整合し、膣の上襞を擦ることになるので、女にも好都合なのである。「太《ふと》」は、太さが膣壁を圧迫するために、密着度が高く、女陰に相応しいが、新開《あらばち》には適切では無いとしている。「裓《すぼけ》」は、包茎であり、常に悪評を受けている。ここでも、抜き差しに工夫を凝らしても一向に旨みは無く、男も女も交合の味わいは感じられないと酷評している。「大《どうがえし》」は、古来、逸品とされ、普通は「胴返し」と表記する。これは太さと長さが同じ寸法で、上品《じようぼん》である。これに相応した女陰でないと無理で、並の女では適合ができないものである。

男根の品格については、艶本でも様々な評価を下しているが、ここに挙げた種別が、まあ無難なところであろう。

四、上開の外観は饅頭のようである

『百人一出拭紙箱《ひやくにんいつしよくしばこ》』（安永期——一七七三頃）は、上方版の色道指南書であるが、題名からして真面目な書名をパロディー化した一冊である。また、これまでの色道指南書から敷衍《ふえん》された説に依っている箇所も多い。しかし、閨の色道奥義を詳細に纏め、現代人に女色の旨みを伝えてくれる希書である。

本書には、図示された女陰図があり、そこに次のように解説がある。「上開」の図示では、尿道口に矢印があって、溺道《できどう》。ここより小便出《い》づる。
とあり、膣口を指した矢印の箇所には、
精道。是、まらの入る所。ややを産む所。
とある。そして、本文は、
　上開《じょうかい》の相《そう》。第一、付《つ》く所高《ところたか》し。両方ふくらかにして饅頭《まんじゅう》の如く、毛は額《ひたい》に茂《しげ》からず薄《うす》からず、びろうどに触《ふ》る如し。さねの分《わ》かれ両方よりうち合い、内暖《うちあたた》かにして、奥《おく》に肉一《にくひと》かたまり有り。一物を挟《はさ》むやうに締《し》まる也。是故《これゆえ》、へのこの大小によらず相蓋《そうごう》するなり。上《うわ》面《つら》左右蜜柑《みかん》の嚢《ふくろ》のやう成《な》る物、是三玉《これさんぎょく》也。やすらかに脹《ふく》らかなり。さて、とっと奥に、指の如くなるもの有り。(図)此先《このさき》、微細《みさい》なる通路《つうろ》有りて、男女の精《せい》汁通《つう》ず。是《これ》より子宮《こつぼ》に通《かよ》ふ也。上開は大ぶり也。長《なご》ふ出たる御方《かた》は、戦《たたか》いの時ぎょうさんむづがる也。一物、ここに当たる度《たび》に、常《つね》はしづめらしき賢《けん》女たちも、無《む》二《に》の感興《かんおこ》りて、霞《かすみ》の中の鶯《うぐいす》、梅が香《か》に誘《さそ》われ、覚《おぼ》へず初音《はつね》を出す如し。
とある。上品の女陰は、上付きで大陰唇がふっくらと饅

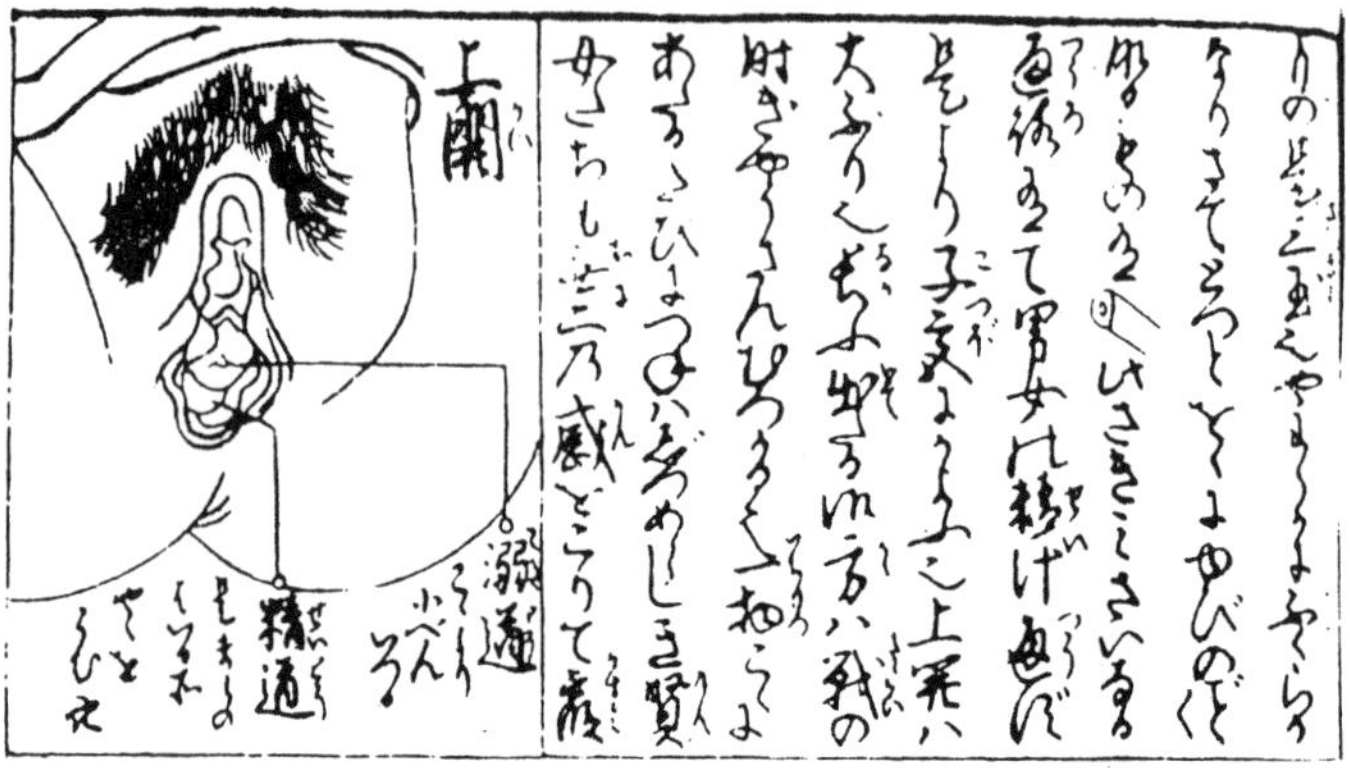

男女会交之弁
上開（『百人一出拭紙箱』）

頭を二つ合わせたようであり、性毛は陰阜に多からず少なからず生え、まるで天鵞絨《びろうど》に触るようにすべすべしている。陰核の包皮は両側から合わさっており、膣内は暖かく、奥のほうに肉片が一塊ある。これが男根を挟むようにして締まるのである。だから、男根の大小に関係なく適応する。膣内の上部左右に蜜柑の嚢のようなものがあると指摘している。

この記述に依れば、膣襞の凹凸を「蜜柑の嚢のやう成る物」と表現している。二三の艶本にも、これと同じような表現が見られるが、この譬えはじつに素晴らしい。むしろ膣襞というよりは、膣前庭部の小陰唇の襞の重なりを言っているように思える。そして、この「蜜柑の嚢のやう成る物」が、三玉（第二章参照）であると断定しているが、これは以前の指南書からの伝承を記したものである。

最奥部に「指の如くなるもの」があるとしているが、これが頸管部の突起であり、ここに略図化されているのは、かの『好色訓蒙図彙』のもの（一七頁参照）と同図である。性愛の探究者たちは、いかに先人の著作を参考にしているかが、ここからも推察される。

そして、上開のものは、この「指の如くなるもの」が、大ぶりであるとしているのは、本書の新説である。これが長く突き出た女は、本技では性感に激しく感応して、全身の悶え方が凄まじいと言う。ここの表現から、急に女性を敬うような言葉の羅列となり、象徴的になる。このような上品の女で、常に控えめで慎ましやかな賢女たちも、子宮頸管部に男根が突き当たるたびごとに、「無二《むに》の感興《かんおこ》りて、霞《かすみ》の中の鶯《うぐいす》、梅が香《か》に誘《さそ》われ、覚《おぼ》へず初音《はつね》を出す如し」と述べる。絶快の感触に打ち震えて、無我の境地に至り、我知らず取り乱して嬌声を発するという訳である。

五、玉茎大小善し悪しの事

本章の頭でふれた『房内戯草《ぼうないたわれぐさ》』も、男根についてのランクを論述している。このことは、すでにこの頃から、男女の性器について、その差異を問題視している証拠でもある。

在原業平《ありはらのなりひら》（八二五～八八〇）は、平安時代に実在した皇室の血統の美男子で、希代の色豪と言われている。彼は三千三百三十三人の女と接したとされており、この経験豊富な業平が会得した、多くの女色道の奥義を紹介するというのが、本書の意図なのである。本書の別号の『業平戯草』も、これに由来している。そこで、次の記事がある。

業平の中将は、容顔美麗の男なり。玉茎は四寸。交はる時、女感に堪《たえ》て心を乱す事限りなし。これを聞き伝ふる女は、みな愛念を起こし、心を掛けずといふ事なし。総じて、四寸五分の間に、上品《じようぼん》はあると言ふ也。

あまりに大きなるは、味良きものを大口に喰い、味を覚えざるが如し。又大きに精強き物を好むは、下品の女也。必ず諸病起こりて短命する也。

業平の男根の長さは、四寸（約十二センチ）であると言う。これは男根の上品で、これより僅かに二センチぐらい大きいのが、極上品であるとしている。巨大な男根を好む女は、むしろ下品の女陰であるとも述べている。

総じて、男は深く挿入せずにやわやわと行うこと、そして妄《みだ》りに精を洩らさぬことなどを説き、男の養生の観点からの伝授をしているようである。本書の別の章の「陰陽会合の品の事」では、

唐に素女と言ふ女あり。此道をよく知れり。帝、かの女を召して、御尋ねあった事を書き留めたるもの、「素女論」と名付けて有るなり。

とあり、戦国時代、日本に渡来した『黄素妙論《こうそみょうろん》』を参考にしていることがわかる。ここでも「淫を洩らさぬこと」を強調している。

六、男女「三品の次第」

時代は下り、元禄期の性愛指南書『好色旅枕《こうしょくたびまくら》』〔江戸版〕（元禄八―一六九五）には、男女の性器のランク付けの説明とその挿絵がまとめて示してある。先ず「上品」である。

上品《じょうぼん》甘草《かんぞう》まら、かくの如し。先いかって張《は》り強く、四寸《よんすん》の胴返《どうがえ》しにして、雁高《かりたか》く、筋《すじ》いららかに色黒し。玉門の内にていきり強く、温かなり。出る息入る息、八十一度の内は萎《な》へざる故《ゆえ》、女底根《そつこん》より潤《うるお》ひ、悦《よろこ》ぶこと限《かぎ》り無《な》し。

上開《じょうかい》の形、かくの如し。その味、感に堪へ、温かにして、男の精気洩るる事を保ち、久し

く味わうによって五臓《ごぞう》の疼《うず》き、疾熱《しつねつ》を晴《は》らし、病起《やまいお》こらずして命長《いのちなが》し。

江戸の艶本にも登場するが、「甘草《かんぞう》まら」は優秀な一級品の名称である。「胴返し」とは、前にも触れたが、長さと太さが同じ寸法のものである。「八十一度」は「九九八十一」から割り出した数であり、九浅三深を八十一回繰り返しても保つということである。男性器の上品は、この「甘草まら」で、先端がいかつく張り出して、長さも太さも四寸（約十二センチ）で、雁が大きく筋張っており、色は黒い。膣内に入ると硬直度が強く、温かで、萎縮せず継続性がある。女陰は根底から愛液を浸出させて満ち溢れ、悦楽に耽ることは際限が無いほどである。

女陰の上品の形は、図の如く三玉が備わっている。その味わいは素晴らしく、しかも温かで、男の精気が洩れることを留め、長らくこのような女陰と交渉すれば、五臓六腑の疾患や保熱を和らげ、男は病に陥ることが無く、長生きできるはずである。

次いで、中品《ちゅうぼん》の男女性器である。

中《ちゅう》まらの形、かくの如し。形は上まらに似たるやうなれども、五分長すぎ、玉門の内にていきり近ふ、出る息入る息、七十二度の内は萎へざるによって、女の悦ぶ事、上まらに変わる事無きやうにて、少しは違いあり。

中開《ちゅうかい》のかた、かくの如し。これは二玉にして上開に一玉少なき故、此玉に当たる数、上開の数とは、十度《たび》突く内に一度突くによって、味はいも少し違ふなり。

中品の男根は、この図の如くである。上品の男根に似ているようではあっても、約二センチ長い。女陰の中にはいると緊張も十分にあり、七十二回は萎縮しないので、女が喜悦することは上

上品のまらと開（『好色旅枕』）

中品のまらと開（『好色旅枕』）

下品のまらと開（『好色旅枕』）

品と変わらないようではあるが、その性能は少し異なる。

中品の女陰は、図のようである。これには二玉しかなく、上開に比べて一玉が少ないために、男根がこの玉に当たる数は、十回の抜き差しに一回ぐらいは当たることがあり、味わいにも少し差があると述べている。

続いて、下品《げぼん》の品評と図示である。


下《げ》まらのかた、かくの如し。元末《もとすえ》なれ合ひ、皮被《かわかぶ》り、色白くしてくにゃつく也。玉門の内へ入るれば縮《ちぢ》み上《あ》がり、出《いだ》せば勃《お》へ出《いず》るなり。かやうの男に会ひては、上開の女も適《かな》ひ難《がた》し。よくよく見分けて夫妻の契りあるべし。あなかしこ。

下開《げかい》のかた、かくの如し。その味、散々にして、ちと下がり、肌剛《こわ》く、毛生ひ茂り、馬の尾の如くにして広く、沼田へ棒を入るるに似たり。玉壱つありて、深く沈み、働かず。もし七寸五分の玉茎あって行なはば、よき事一度あるべし。たいていの物にては適《かな》ひ難し。


下品の男根は、図示した通りである。根元から先端まで太さが同じで、包茎であり、色も生《なま》白く、軟弱である。女陰に入ると縮み上がり、抜き出すと勃《お》え出るものである。このような男根に遭遇しては、どんな上品の女陰も適わない。よくよく確かめてから夫婦の契りをしなければならない。そして「あなかしこ（実にたいへんなことである）」と結んでいる。女陰にとっては、下品の男根と日毎に付き合わされては、性の快楽は望み得なく、生涯の不幸なのである。

下品の女陰は図のようである。その味は最低の限りで、しかも下付きであり、素肌もがさつき、性毛が密生し、あたかも馬の尾のようである。そして、膣も広く、沼田に棒を入れて掻き廻すのに似ている。玉は一つだけあり、深く沈み込んでいっこうに機能しないので、男根は快味が得られない。もし七寸五分（約二十二センチ）の長茎の男根が行う時には、快味が得られるのは、十回中に一度ぐらいである。通常の男根では、とてもとても適うことは無い。

ともかく、人生の快楽のほとんどを担う性愛行為において、このような下品の性器と付き合うはめに至ったら、もう幻滅以外には無いと断じている。

第二章　玉門には三玉あり

一、女の玉門のよしあしという事

『房内戯草《ぼうないたわれぐさ》』には、不思議な記事があり、これが真実のように連綿と後世の指南書に受け継がれて行く。

昔男の曰く、女の陰《いん》を見知るというは、先ず九品《くほん》にわっての内、上品《じようぼん》上しょう一つある也。その上品上とは、開《かい》の内に三玉ある也。せん玉《ぎよく》・ほう玉《ぎよく》・ひょう玉《ぎよく》是也。三玉ある開《かい》は、或《あるい》はしるをおく、或《あるい》はよく心をすめ、或《あるい》は男の心を喜《よろこ》ばしむる事あって、各々《おのおの》きょくせつのあいしらい有也。上品上のかた、かくの如し。これは、此道《みち》をよくよく知り給わん男に合わば、よくなる事九十九度、もっとも男の薬たるべく候。合《あ》い構《かま》えて、かくの如《ごと》きの女を求むべし。此たぐいの女に、一度交《まじ》わりて後、精《せい》を洩《も》らさずは、二百六十年の命を保《たも》つべし。とかく妄《みだ》りに精《せい》を洩《も》らし候事、老少不定《ろうしょうふじょう》とは言いながら、短命《たんめい》の相《そう》は此道《みち》より起《お》こるもの也。

九品という分類は、九品浄土という仏説から来ていると思われる。上中下に三大別し、またそれぞれを上中下に分類する。先ず、上品《じようぼん》の上の女陰の説明である。この女陰の中には、「せん玉・ほう玉・ひょう玉」と名付ける玉が、三つ存在すると言う。この玉の名の由来は不明である。

図を見ると、子宮膣部の奥に三玉が三つ巴型に位置している。玉が三つ備わっている玉門は、交合に際して愛液の分泌が多く、男の心を鮮明にさせ、歓喜の絶頂を感得させて、抜き差しの運動にも素晴らしい曲折がある。交合の道に長けている男は、この玉門で快美感を痛感するのは百回中に九十九回もあり、男にとっては長寿の薬剤のようなものである。男は努力を重ねて、この玉門の女を探し求めるべきである。この玉門と一度交合したら、その後、男が精を洩らさなければ二百六十年の寿命を保つことが出来る。とかく不用意に精を洩らし過ぎるのは、人の死期は老年や少年には関係が無く、突然にやって来るものではあるが、短命である端《たん》は交合の道から起こるものである。

さて、玉門の中にある三玉とは、現代的な観点からは、どう解釈したらよいであろうか。実践と観察の蓄積の結果から、この三玉論が発生し、これ以後の色道指南書に多大な影響を与えるに至っている。筆者の探査したところによれば、これは、子宮膣部の頸管部のことである。江戸中後期には「鯔《いな》の臍《へそ》」と俗称され、艶本には「半裁《はんさい》の鶉《うずら》の玉子のよう」とか「算盤玉のよう」とも形容されている。膣部の奥底まで指先を挿入すると、親指の指頭大の肉質の突起に触

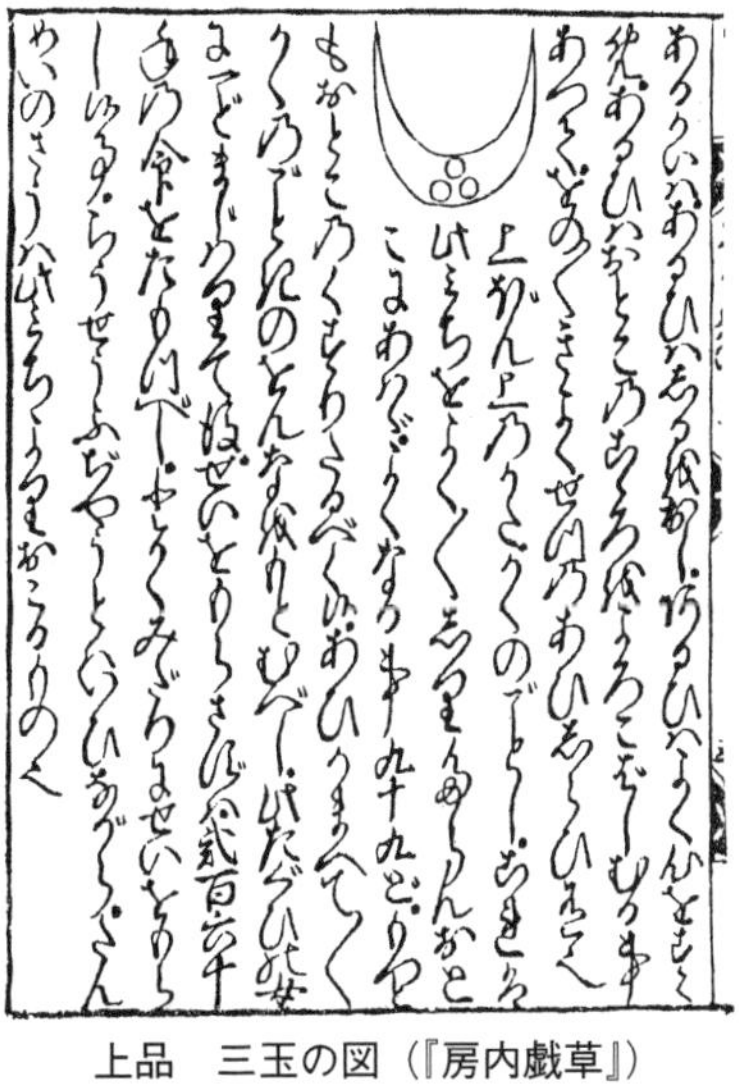

上品　三玉の図（『房内戯草』）

れる。これは子宮の突端で、頸管であり、その先端が膣腔の奥に少し突き出た恰好になっている。解剖図で見れば明瞭であるが、その表面には×印のような切り込みがあって、その中心から、愛液の分泌があり、経血の出口になっている。また、射精した精液がここから入り、精蟲の進入路となり、受胎するためには重要な器官である。交合の際には、これが男根の亀頭部に突き当たり、ヌメリとした感触を得られる。抜き差しをする度に、このぬめりの感触が亀頭部に快感を与え、亀頭部がこの頸管の突起の上へ滑り、下側に潜《もぐ》り、左右に潜《ひそ》み込《こ》み、微妙複雑な快味となる。この律動的な潜入感が、あたかも玉が亀頭部先端に転がっている感触と、受け取られたのである。

二、三玉を目視して図に示す

続いて本書では、拙い絵ながらも女陰の最奥が描かれ、そこに位置している玉が明示されている。絵図は想像をたくましくして眺める事が肝要である。上品の中から下品の下までが列挙されている。

上品中のかた、かくの如し。これも三玉はあれども、有所違いたる故に、七十五度、よき数あるべし。

上品下のかた、かくの如し。よき数、三十五度也。

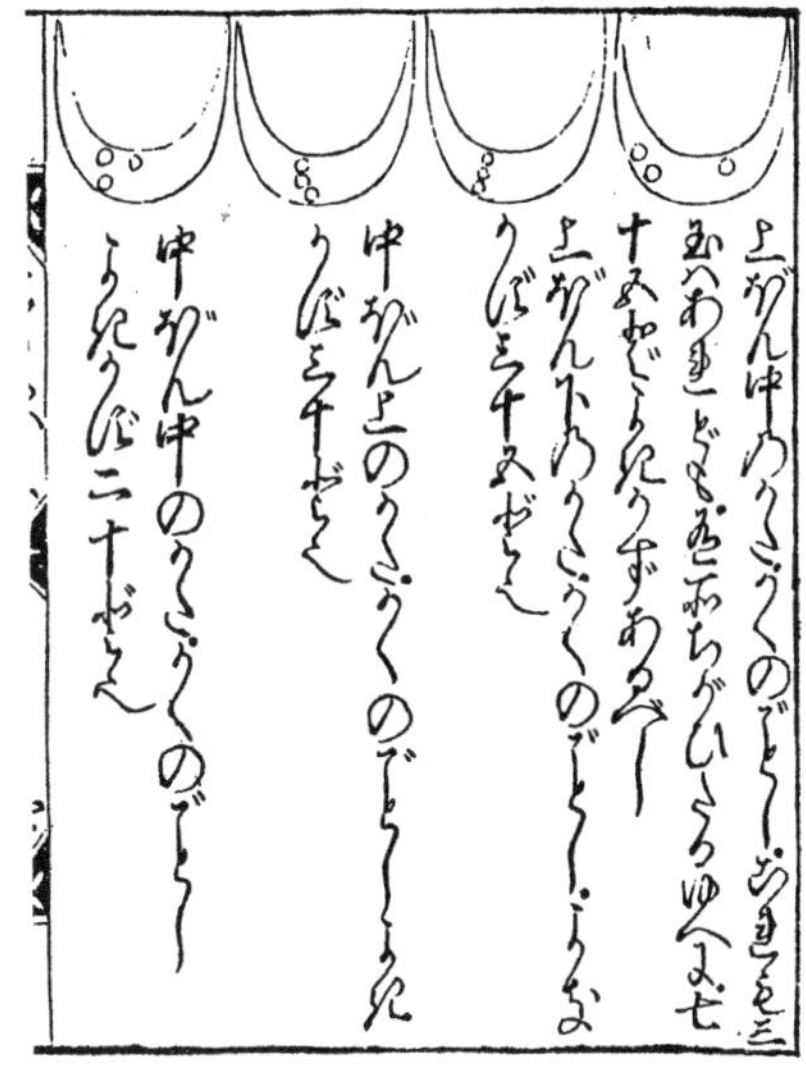

上品中から中品中まで
三玉の図（『房内戯草』）

中品上のかた、かくの如し。よき数三十度也。

中品中のかた、かくの如し。よき数二十度也。

中品下のかた、かくの如し。よき数七度也。


上品中は、図にあるように三玉はあるけれども、玉のある位置がばらばらに散在しているので、快美感は上品上には及ばず、男が快感を覚えるのは百回に七十五回であるという。上品下は、これも三玉ではあるが、中央部よりもずれているので、男が快感を覚えるのは百回に三十五回であるという。中品の上中下ともに三玉はあるが、快感の感得数が極端に減少する。百回中に七回ともなれば、男の交合の満足度は少なく、言葉には出さないがその女への執着性が希薄になる筈である。


下品上《げぼんじょう》のかた、かくの如し。よき数五度なり。

下品中のかた、かくの如し。よき数三度なり。

下品下のかた、かくの如し。よき数一度なり。故《ゆえ》はこうというに只一《ただいち》ある也。此《この》下品の玉は、なべての男叶《かな》い難《かた》し。もし七寸五分の玉茎《たまぐきも》持てる男に会わずんば、よき心極《きわ》めあるべからず。よき心無ければ、心和《やわ》らがず、ほう玉ばかりあれば、深く沈《しず》みて働《はた》らかず。もし又、七寸五分の男に会えば、一度よき心あるべし。此なりの男は、叶い難し。かようの事を知らずして、妻女にして交わらば、一度に二百六十年の命を失い、身のうちうつけ損じて、火動《かどう》すべし。かくの如くの女には、道《みち》ある人も手を付けず。情《なさ》けある人もこの道の術《じゅつ》を失《うしな》う。しかれば、かようの女には、ゆめゆめ交わるべからず。さようの女は、身の相形《そうかたち》に表れて見ゆ

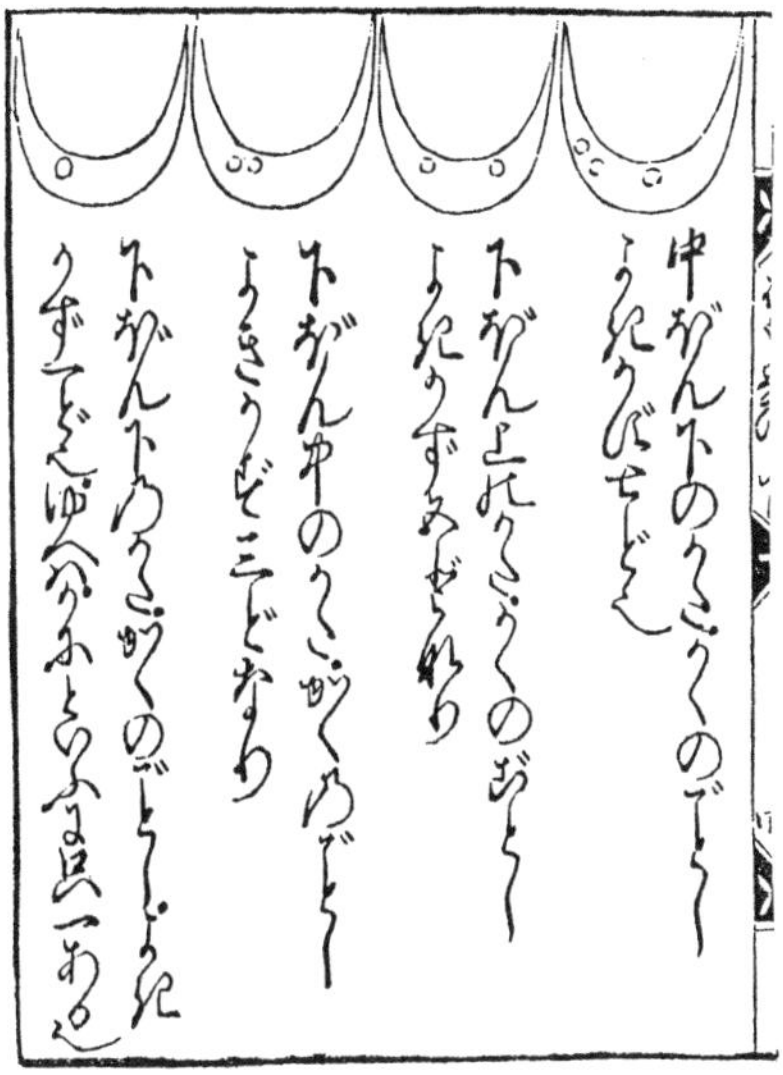

中品下から下品下まで
三玉の図（『房内戯草』）

る也。（略）此相持ちたる女は、男を誑《たぶら》かさんがために、鬼神など変じて来たるぞと思いて、とくとく退くべきもの也。

下品の上中の場合は、二玉しか無く、それも中心に位置していない。男の快感を得る度合いは極端に少ない。下品下に至っては、一玉であり中心からは非《そ》れている。しかも百回の交合でただの一度ぐらいしか、男は快感を得られないのだ。ただ七寸五分（約二十二センチ）の長茎の場合には、沈み込んでいる玉に当たることもあり、時には感じることもあるとされている。この下品下の女を妻女にすれば、二百六十年の寿命を消耗することになる。いかなる色道に長け、交合の技法に習熟している男でさえも、この女陰を満足させることは不可能なのである。性の充足感を満喫しないまま、精力消耗症に陥り、陰萎に至るだけであると主張している。

下品下の女陰を、実に見事に酷評しているが、これは現代風に考えれば「子宮後屈」という構造上の体質に帰せられる。数人の女と交合を重ねていれば、比較検討が出来るが、ただ一穴という男にとっては、何が上品《じょうぼん》でどれが下品《げぼん》かは判定が出来ない。いくら長茎であっても、子宮後屈のそれは、頸管部の突出が膣底部の上の方にあるため、男茎とは触れることは皆無である。男は突き当たりの無い管に差し込んでいるだけの感覚で、亀頭部は何の刺激も受けない。これは男にとっての不運と言うべきか、人生の悲劇と言うべきか、言葉では規定が不能である。

この憂れうべき男の邂逅を、三百四十年前の色道指南書は、実に鮮やかに指摘しているのである。膣奥の程よい位置にある頸管部の突出は、ぬらぬらと差し抜きする度に、男根の先端を嘗めるように、三つの玉が海綿体をぐりぐりと動き擦り、その絶佳な愉悦の極みを男に与える。それをいくつかの女陰との比較から体験した男は、このような指南書に、その素晴らしさを明示出来るのである。

三、名前は、天玉・陰玉・陽玉

江戸中期の性愛百科全書である『好色訓蒙図彙』（貞享三―一六八六）には、「理《り》伯屓歴論《はくへきれきろん》」と題して、女性器の三玉について、その蘊蓄を述べる。

　理伯が愛女論に云、夫《それ》開中に三玉ある也。所謂《いわゆる》、天玉・陰玉・陽玉、是なり。遣曲《やりくり》、和気いたるときに、此玉浮き出るに従って、玉茎に当たる毎に、妙なく味あり。女は又、是に玉茎があくが故に、微妙《みみよう》の感有《かんある》也。されば、上開には三玉全《まった》く備《そなえ》たり。是無上なり。中品には二玉、下品には一玉有なり。一玉有る故に、下品は感少なく、気《き》遅《おそ》く巡《めぐ》り、内温《うち》かならずして、発する気無く、通ずる精無く、男の毒なり。よく考《かんがえ》て、妻女とすべし。

これらの三玉の名称について、「天玉《てんぎょく》・陰玉《いんぎょく》・陽玉《ようぎょく》」と治定《じじょう》している。漢字で列記しているのは、『房内戯草』から下ること二十年の研鑽の結果なのであろうか。『房内戯草』では「せん玉・ほう玉・ひょう玉」となっていたが、この名称の関連は詳らかにし得ない。

人の概念は言葉によって規定されるものである。漢字で三玉に名前が付いたということは、それだけ真実性に迫るということである。交合の抜き差しを行って快感が高まって来ると、この三玉が浮き出て男根の先端に触れ当たり、その度に妙なる美快が味わえるという。女の方も、三玉を男根が押し退けるように当たるので、絶妙な感触が得られる。

そして、上開には三玉が完備し、中品は二玉、下品は一玉しか無いと断じている。下品は一玉なので、快感は少なく、女陰の感度は鈍く、内部も温かく感じられず、締めつける律動も無く、愛液の分泌もほとんど無く、男にとっては毒のようなものである。さらに「よく考えて、妻女とすべし」と忠告している。さて、男はどのように「よく考え」たらよいのであろうか。

人生は性愛がすべてでは無いが、互いの粗器のために性愛の絶頂を満喫しないで、または一方の粗器に幻滅をしたまま、一生涯を終えるという人々もいるのではないかと思う。婚前に性交渉を十分に行って、上開かどうかを確認するのは、出来そうでいて実際は不可能である。男女が共に暮らすというのは、理性だけの問題ではなく、性愛が大きな位置を占める。粗器だからと言って簡単に離婚は出来ないし、性愛に目覚めた人々は、悶々として生を終えることが多いのである。

四、三玉はそれぞれ内臓と感応する

時代が下がると、説明が詳細になる傾向にある。『百人一出拭紙箱』(安永期――一七七三頃)には、「玉門之弁」と題して次のようにある。

上開《かい》は内に三玉を具《そな》へたり。天玉《てんぎょく》、陽玉《ようぎょく》、陰《いん》玉《ぎょく》也。天玉は心《しん》の臓《ぞう》に通じ、陽玉は肺《はい》の臓に通じ、陰玉は脾《ひ》の臓に通ずる也。一義の時、動き出て、感情《かんじょう》深き事也。猶《なお》、世に十等を云ふ。一高《たか》、二饅《まん》、三蛤《はまぐり》、四蛸《たこ》、五雷《かみなり》、六洗濯《せんだく》、七巾着《きんちゃく》、八広《ひろ》、九下《した》、十臭《くさい》といへり。一高とは、上付《うわつき》也。二饅とは、饅頭《まんじゅう》を合わせたる如く、ふくらかにして、谷深し。三蛤とは、是に続也《つづくなり》。四蛸は、蛸の疣《いぼ》に指を当つれば、吸い付くやうなり。又、海辺《かいへん》にたこつびといふもの有り。是も吸い付くものなり。五雷は、開中《かいちゅうな》鳴り響《ひび》く也。六洗濯《せんだく》は、びちゃびちゃするつび也。七巾着は、口で締める奥の広き也。八広は、開中だはつく也。九下は下付、十臭、えならぬ悪しきかざ有り。第三までを上とす。四より六まで、中なり。七より十迄を下とす。

女陰のランク付けと、その略説が述べられている。

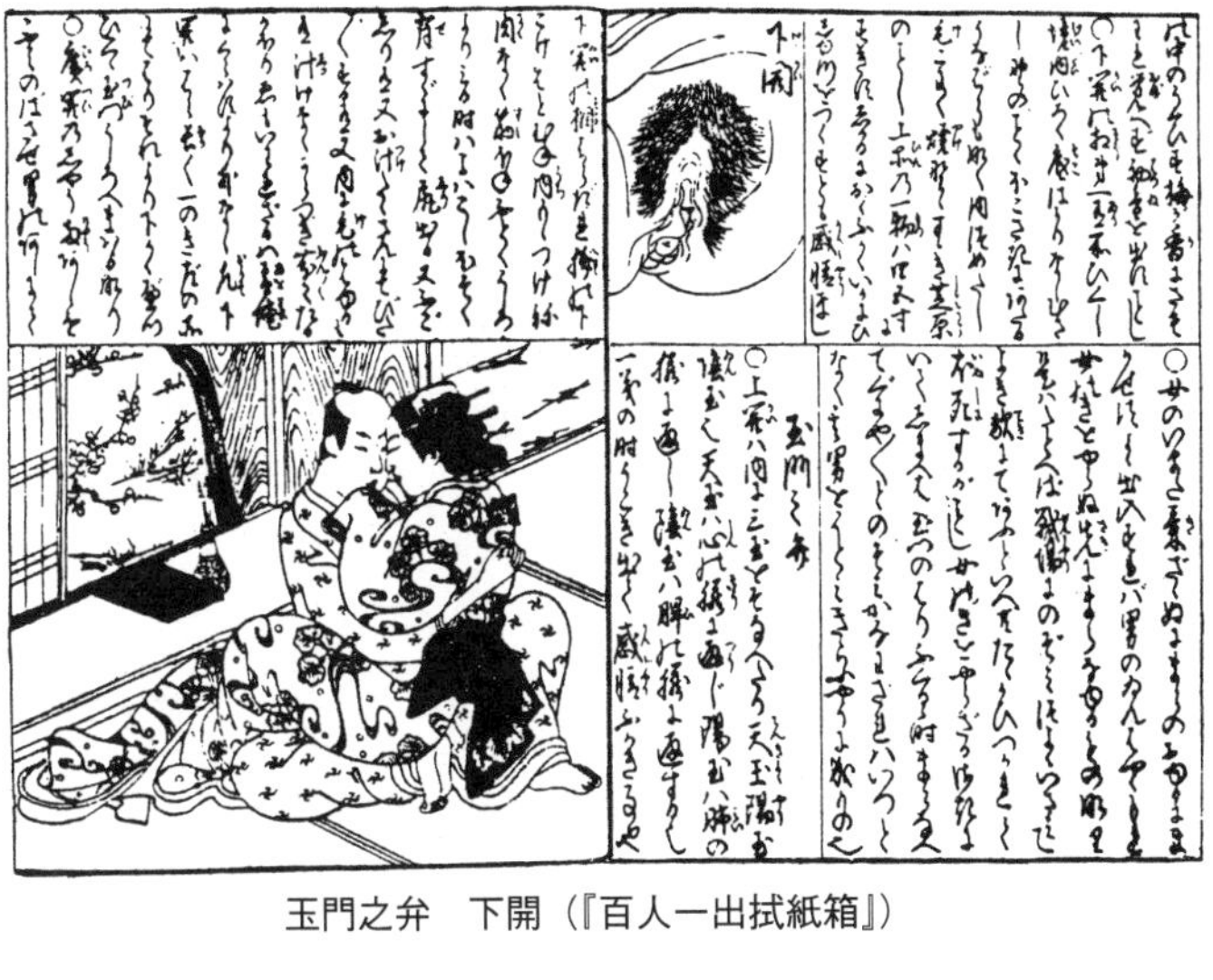

玉門之弁　下開（『百人一出拭紙箱』）

男たちの名器願望が、ここに現れている。この書では三玉に振り仮名があるため、名称が鮮明に分かる。「天玉」は心臓に通じ、「陽玉」は肺臓に通じ、「陰玉」は脾臓に通じていると述べる。交合の時には、これらの三玉が動き出して「感情深き事也」とある。内臓から感情に働き掛けるというのであろう。

続いて、この当時の女陰の十ランクを挙げ、分かり易く解説している。男の稚気と言えばそれまでであるが、実践の果てに、この品種が規定されたと言うよりは、先人の説をそのまま引用していると見るべきであろう。

要するに、交合器としての最高の女陰は、上付きで、空割れの両側が肉付きよく、男根を吸い込むような感じのものなのである。それに邂逅するのは、まさに千載一遇という訳である。

第三章　開渡《へきわた》しと口吸い・口取り（オーラル・セックス）

一、知られざる急所

『艶道日夜女宝記《びどうにちやじよほうき》』（明和期―一七七〇頃）には、「陰みゃくの法」として、前戯で女陰のどこを弄すれば効果的かを説明している。「陰みゃく」は人に知られていない急所の事である。

ゑんこう渡すは、中指と人差指の腹にて、玉門の内なる袋のやうなる物の、其はらを撫でる也。又、へのこの出入りも此所を擦るがよし。いかなる慎み深き女も、よがり出す事、疑ひ無し。又、一義行ひながらは、さねの上を押してやるもよし。たとへば遊女にても、気を遣らする術也。図を見てよく考ふべし。

とある。「ゑんこう渡す」は女陰を男が指で弄する意である。先ず、中指と人差指を揃えて、膣内へ浅く差し込み、その上壁を指の腹で撫《な》で摩《さす》ることを推奨している。これは、いわゆるGスポットの指摘であろう。二百年も前に、女陰の快感の急所がここにあると、熟知していたのであるから、まさに驚嘆せずにはいられない。膣入口のすぐ上部の膣壁が、いちばんの急所であり、指で擦ってもよく、また男根の抜き差しもここを主とすれば、どんな慎み深い女も必ず我を忘れて快感に噎《むせ》ぶと言う。

そして、抜き差しを行いながら、陰核の包皮を押し続けるのも、素晴らしい快感の喚起になると言明している。アクメに至ることをよしとしない遊女でさえも、「気を遣らする術也」としている。図示の書き込みを見ると、

さねの上、是《これ》なり。

とあり、下方の矢印の箇所には、

くぢるとも行ふ度《たび》、此《この》はらを擦《こす》るべし。穴の上面《うわつら》なり。

とある。さらに、弄する指の形が図示され、そこには、

くぢる手つき。
爪をよく取るべし。

とあり、二本指を立てているのは、まさにリアルである。

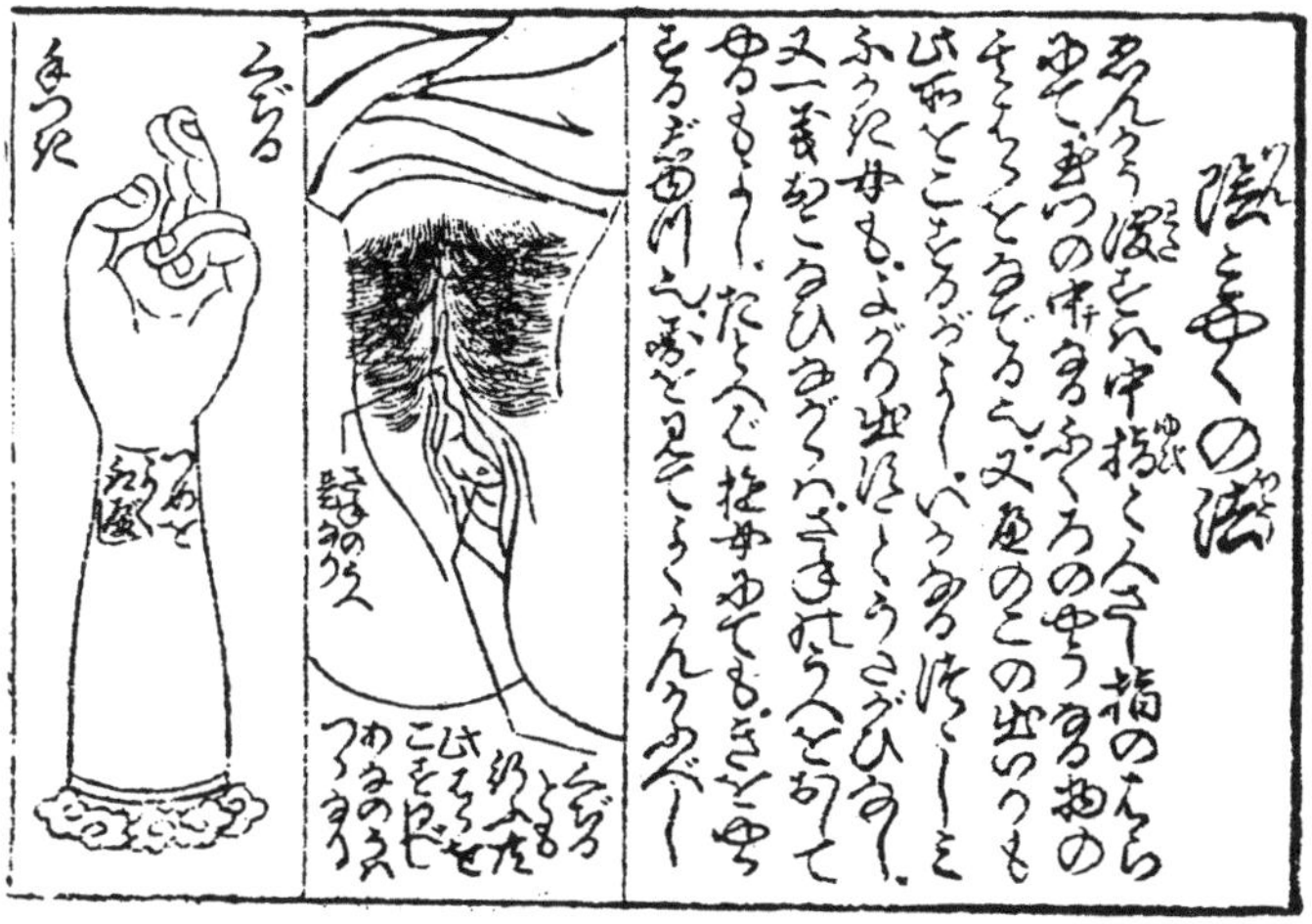

陰みゃくの法（『艶道日夜女宝記』）

二、撫でさすり方

江戸中後期の、夫婦の性愛の全貌を絵と文章で説き明かしたのは『婚礼秘《こんれいひ》事袋《じぶくろ》』（宝暦期―一七五六頃）である。夫婦が性愛を大切にし、交合の有るべき姿を、諧謔性豊かに詳述している希有な書である。その床入りの箇所に、「開渡《へきわた》しの図《ず》」として、真向きの女陰とそれを弄している男の手の絵がある。「開」は「かい」「へき」と訓じて、江戸語で女性器の意味であり、「渡す」は交渉する・接するの事である。そこに次のようにある。

へき渡《わた》しは、さねの裏《うら》をよく撫《な》で上《あ》げて後《のち》、陰道へ移りて、上面《うわつら》をこそぐりてよし。尤も、図する所をまらにて擦《こす》るも、女甚《はなは》だ悦《よろこ》び、身悶《みもだ》へするなり。

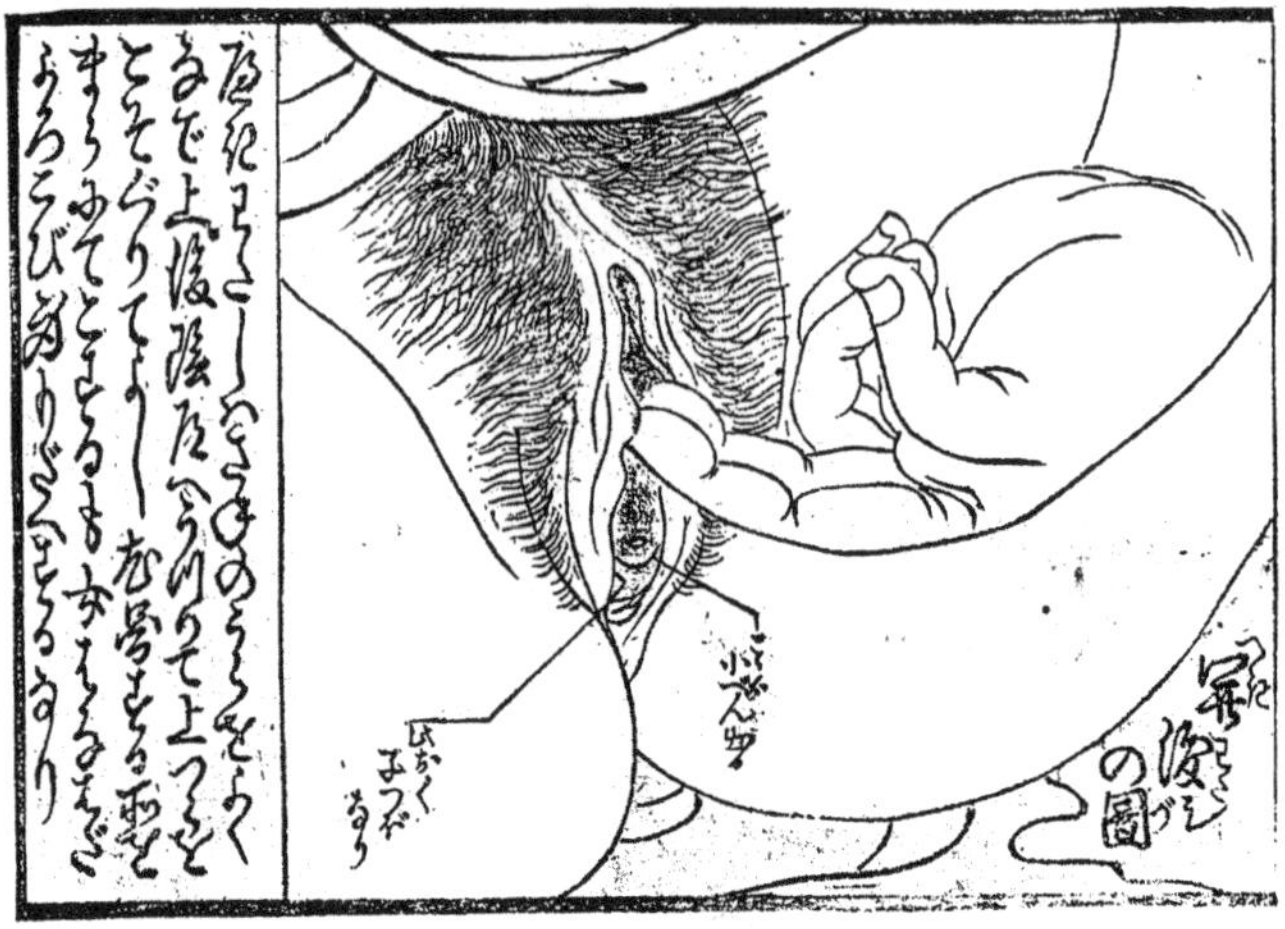

開渡しの図（『婚礼秘事袋』）

そして、矢印で尿道口の箇所を示し、

ここより小便出る。

とあり、その直下の膣口の矢印には、

此の奥、子つぼなり。

とある。男の人差指と中指の二本の先端は、陰核包皮の下側に浅く差し込まれている。ここが、「さねの裏《うら》をよく撫《な》で上《あ》げ」てという箇所に相当する。女の性的な興奮を高めてから、膣前庭付近、または膣口から少し入った膣壁（Gスポット）を擦ることを推奨している。指先ではなく、男根の先端で擦るのもよいとしている。

この図示と指先の接触の説明は、『艶《び》道《どう》日夜《にちや》女宝記《じよほうき》』（明和期—一七七〇頃）の絵に酷似しており、時代的には『婚礼秘事袋』が先行しているので、こちらの方が原画と思われる。

三、本戯への導入——オーラル・セックスはどうだったか

江戸中期の性愛指南書『好色旅枕』（江戸版）（元禄八—一六九五）には、交合体位が十六態示されているが、その最初の体位が「吸口軒《きゆうこうけん》」である。これは体位というよりは、前戯の所作の説明である。江戸期には、キスの習慣がなかったのでは無く、ただ人前で行わなかっただけである。

ライト・キスにせよ、ディープ・キスにせよ、男女がこれを行うのは閨房であり、性行為の一環の技であった。

したがって、これから交合を行うという導入において、女の口を吸うところから始まるのが、「吸口軒」である。（第六章の交合体位で引用すべきであるが、「口吸い」としてここで扱うことにする）。相手の女に性的興奮が湧出するように行うのがコツである。

　女にもつれ掛かり、好色の心地よき話など物語し、その後、口を吸ふべし。此宴を楽しむといふとも、男の舌を女に吸はするることなかれ。女の舌を出ださせ、男の口へ取り込み、歯の触らぬやうに唇にて女の舌を扱《しご》き、舐《ね》ぶるべし。なにほど弱き腎虚の女なりとも一臓動くが故に、淫念《いんねん》自《おの》づから萌《きざ》すなり。

性愛行為の序盤戦であるから濃厚に行う。単に唇を接するのでは無く、舌を吸い合う。面白いのは、男の舌を女の口中にいれて、吸わせてはいけないという点である。男の舌を女に強く吸わせるのも、興奮の高揚には効果的であると思われるが、男の能動性を強調するために、女の舌を吸うのであろう。

吸口軒（『好色旅枕』）

女の舌を男の口中に導き入れ、歯が当たらぬように注意しながら、男は唇で女の舌を扱くようにして舐めるのである。唇で扱いて舐めると、男の舌はどうなるか。自然と女の差し出した舌の下側にあることになり、先端は女の鋭敏な舌の付け根に接する。男側の唇の動きと、舌の先端の微妙な接触とによって、いかに性的に鈍感な女でも、陶然として性的な情愛に包まれるという。

四、口吸いの図示

『婚礼秘事袋』には、夫婦の交合の前戯として「口取り」が図示されている。婚前の娘が目を通す書物であるから、分かり易いように図解したものと思われる。元来、江戸語で「取る」は、行うの意味から、それが強まって交合するの意に使われる。この本では、キスを「口取り」と述べている

　口取りの仕様《しよう》は、男女ともに上の唇《くちびる》を伸《の》ばして、我《わ》が上歯《うえば》を上唇《うわくちびる》の裏《うら》に付《つ》けて、向《む》かふの舌《した》を我《わ》が舌に巻《ま》きて、ずいぶん歯《は》の触《さわ》らぬやうにすふべし。

　尤《もつと》も、まらの舐《ね》ぶりやうも右に同じ。

口吸いに不慣れなうちは、とっさに行うと歯と歯がぶつかり合うことが多い。互いに歯の当たらないように、意識的に上唇で上歯を覆うようにし、唇を巧みに使い舌と舌を口中で絡める仕様

を指示している。図で見ても、濃厚な舌キッスである。

　この記述の最後の一行には、ぎょっとさせられる。ここまで指南しているのは、本書以外には無い。「尤《もっと》も、まらの舐《ね》ぶりやうも右に同じ」とは、明らかに「吸茎《フェラチオ》」の技法を述べている。

　男が行う「舐陰《クンニリングス》」については、数々の艶画に見られる事実であり、詳細に指南しなくとも、男はすぐに実行できるし、その所作も独習して会得できる。しかし、女が男に行う「吸茎」は、それほど容易ではない。

「まらの舐《ね》ぶりやうも右に同じ」とは、「舌に巻《ま》きて、ずいぶん歯《は》の触《さわ》らぬやうにすべし」ということであり、男根の亀頭を口に含んで、舌と唇で「舐める」ということになる。さらりと記述した一行ではあるが、他の書では全く触れていない、当時の性愛行為の最高な指南なのである。

口取りの図（『婚礼秘事袋』）

五、「口取り」の伝授

次は先に述べた「口取り」を見て行こう。昼間に行う交合は「昼取り」と言い、寝起きの朝に行うのは「朝取り」と言う。女が男に行う「口取り」(吸茎)は、実際には盛んに行われていたと思われるが、外聞を憚ってほとんど記録に無い。ところが江戸末期生まれの女性が、女の立場から交合技法を説いた『女閨訓《じよけいくん》』(明治三九—一九〇六刊。欣々女史著)には、「口取り」として次のようにある。

口取り。口にて精汁《せいじゆう》を吸ひ取る法なり。唇淫《しんいん》とも云ふ。口にて行ふと云ふも、大半は手にて之《これ》を助くる也。乃《すなわ》ち我が身は夫の仰《あおむ》向けに臥《ふ》せるそばに座し、右の手にて男根を握り、締《し》めつ馳《はや》めつ扱《こ》き上《あ》げ扱《こ》き下《さげ》し、同時に唇にて雁首をくわへ、舌先に力を入れて鈴口《すずぐち》の辺《あたり》を舐《な》め廻《まわ》すなり。此の時また、親指の腹にて鈴口を強く幾度も擦《こす》る時は、夫の気の逝《ゆ》くを早め、堪《た》へ難《がた》く快《こころよ》くするものなり。而《しか》して、手にて強く小刻《こきざ》みに摩擦《まさつ》すれば、男根次第に熱くなりて脈を搏《う》ち、夫の腰自然に高まり来るものなり。此の時は精の洩《も》れんとするなれば、心してよく口にくわへ、精汁やがて迸《ほとばし》り出《い》づる時は、乳《ちち》を吸ふ如くに、舌を働かして吸ひ取り呑み込むなり。凡《およ》そ男子の精汁には、牛乳鶏卵などの及ばぬほど滋養《じよう》あるものなれば、穢《きたな》しなどと思ふ可《べ》からず。我が身に碍《さわり》ある時に限らず、時々之を吸ひ呑めば、身体を養いて悩の薬となるものなり。

さて、いかがであろうか。非常に珍しい女が女へ伝達する「口取り」の作法である。「唇淫」とは聞いたことは無いが、当時の性愛文化では流通したものと思われる。女が月経期間や産褥期間、男の交合に応じられない時には、「素股《すまた》」「衆道《しゅどう》」（肛交）とともに、この「口取り」の法を推奨している。夫婦としての妻からの夫への奉仕である。この記述の中で、左手に関しては全く触れていないが、女の身を支えるために下に付くのであろう。「鈴口」は男根の尿道口付近で、性的に敏感な箇所である。射精寸前の男の所作など、迫真の描写であり、しかも精液が奔出したら、「乳《ちち》を吸ふ如くに、舌を働かして吸ひ取り呑み込むなり」とは凄まじい。また、精液は「牛乳鶏卵などの及ばぬほど滋養《じよう》あるもの」という神秘性に対する思い込みも、時代性を表している。

六、女への口取り

『男女狂訓《だんじよきようくん》　華《はな》のあり香《か》』（元治元—一八六四）の上梓は、明治に至る四年前になるので、江戸末期の性愛文化をかいま見る事が出来る。この頃には世の中の争乱が生活を脅かし、ほとんど出版も行われていない。著者の体験を述べるという形式で、交合の実際を伝授するハウツーもので

ある。その中にオーラルを説いている一節がある。「四十五六より五十迄を犯す弁」として、

是等《これら》の女を壮女《わかきもの》と同じく気をやらせんとするには、男の年四十前後なればいよいよ精淫《せいき》よりがたく、是又交容《これまたしよう》が肝腎《かんじん》也。しかし閨《ねま》に入ていやらしきは年老同士《としよりどうし》に限る物にて、先今《まずこ》宵犯《よいおかさん》と思へば、女を湯にいれて開《ぼぼ》をよくよく洗《あらわ》せおき、酒を呑《のま》せ御定《おさだま》りの通りいぢりかけるに、始《はじめ》はよがらせんと思《おもわ》ず、こそぐる気味にて、核《さね》をチョイチョイとつまみなどして、其《その》中《うち》に男も気ざし、女も潤《うるお》ひだす頃より、男は躰《からだ》を前後《あとさき》になり、生《おえ》たる茎《まら》を女の顔に付《つき》つけ、男は開をなめ廻し、核を舌にてしごくやうにすれば、いつしか女はうつつになりて、塩からき吐淫《といん》を流し、我を忘れて気をやるなり。

或女郎《あるででひめ》の曰《いわく》「いか程いやな客にても、開《ぼぼ》をなめて交《し》られる時は、口をしながらも気をやるなり」といいしが、実に其《その》ごとくなれど、しかし若き人は必ず此犯《このおこな》ひ仕玉《したま》ふべからず。男女共天の冥罰《みようばつ》を蒙《こうむり》、不吉の第一なり。

とある。男女が逆位で接する「巴《ともえ》取り」（69・ソワサンヌーフ）で、しかもオーラル・セックスを説明しているのは、前例が無い。女性器全体を舐め廻し、陰核を男の舌で扱くように刺激をするという技法を述べている。そうすれば、女は塩気のある愛液を出して遂情するという。そして、交合に馴れた女郎の言として舐陰されて交合する時には、嫌な客でも口惜しいながらも絶快に至るという実例を紹介している。

しかし、「若い人々は、この舐陰《しいん》を実行なさるべからず」と結んでいるのは、人倫に反するという禁忌であろう。獣などが行う舐陰という行為を真似する事になり、男女ともに天罰を受ける

最高の不吉の一つであるという。当時、月経中の交合も穢れに接するので、罰を蒙ると信じられていたので、舐陰もまた然りという訳であろう。しかし、艶本などには、かなり多くの口取りの場面がある。

第四章　津液の神秘（愛液はどこから）

一、愛液の先進的な説明

「津液《しんえき》」は、潤う・溢れるの意から、唾や液汁のことを言う。そして、情事秘語においては房事の際に生じた淫液を指し、俗に言う「愛液」の別称となっている。この愛液については、現代の性科学でも未開な機能であり、「潮吹き」の機能などは解明され尽くしていない。前章で取り上げた『男女狂訓《だんじよきようくん》　華《はな》のあり香《か》』（元治元―一八六四）は、明治期に入る直前という時代性もあって、かなり西欧医学の知識を取り入れている。中でも特異であるのは、女性器を解剖学的に捉えていることである。それは未だ非科学的なところもあるが、当時としては最高の知識を駆使している。女性器の愛液分泌については次のようにある。「陰門陰茎之弁《いんもんいんきようのべん》」という章の中から、愛液に関する記述を眺めてみよう。

それ女の膣は、陰門《いんもん》の小口《こぐち》より子宮《しきゆう》の口迄のことにて、陰茎《へのこ》を入れ、胎子《こを》産出《うみだ》し、月経《つきやく》を通すところなり。この膣、うしろは直腸の腑《ふ》とて、大腸の腑の下につき、前は膀胱の腑につきて、其膣《そのちつ》のうちにあまたの皺襞《しわひだ》あり。尤《もつと》も前の方に多し。年十四五才の女は、房事《いろごと》をしても愉快《こころよき》を知らぬは、いまだ此皺襞《しわひだ》多くして、其膣につらなる意識神経とて、感触知覚《きのいくこころよき》を知り覚ゆる筋の細きところ、鶏の毛ほどのものに通り応《こた》へざるゆへなり。
されども子を産《うみ》たる人は、年十五六にても彼《かの》皺襞少し減るゆへ、房事《いろごと》すれば神経の筋に応へ感触知覚《こころよきこと》を知るなり。女の年廿または三十四十に至れば、子を生《うま》ずとも彼皺襞自づから減るものゆへ、交合《いろごと》すれば神経の筋に通り、知覚《こころよき》を知ること甚《はなは》だ確《たし》かなり。

この頃には、「膣」という用語が通用しており、また襞が縒り集まっていることも熟知されていたことが了解される。この皺襞が多いと交合に際して、快感を感じる筋が通らないので、若い娘などは殆ど絶頂を感得しないと述べている。出産を経験したり、年が嵩むと、皺襞が減ってきて、快感を感じる筋が通るものとしている。そしてさらに、

又かの皺襞《しわひだ》の中《うち》に腺《せん》とて糸すじほどの袋付きの管《くだ》ありて、尤も膣の上面《うわつら》に多し。これより常に滑液《なめらかなみず》を滲《し》み出《いだ》し、もし春心発動《いろごとのこころおこる》すれば、膣に伝わる神経《すじ》には霊液《れいえき》とて、神気《たましい》を含むいたって清《きよ》き水満《みずみ》ち、脈絡《ちすじ》には血満《ちみ》ちて太くなるゆへに、膣の内の筋肉《すじにく》みな発張《おこりはり》て、彼腺《かのせん》の管より滑液《なめらかなみず》湧《わ》き出《い》で、もはや交合《いろごと》するに及びては、この水の出ること甚《はなは》だし。又子宮《こつぼ》の小口の内面《うちつら》にも腺の管《いとすじくだ》ありて、常《つね》に滑《なめ》らかなる水を滲《し》み出《いだ》すなり。ゆへに房事《いろごと》して知覚《こころよき》にいたりて、膣に走《はし》り出《いず》る水も、又腺《せん》の管《くだ》の水一度に多く湧き出て、卵《たまご》のうちに精液《いんすい》の子《こ》だね出《いず》るにはあらず。

と詳述している。膣の上面に多くの糸すじほどの管があって、常にここから潤滑液が出るが、性的興奮が起こるとこの液が湧出し、交合すればなおさら多量に流出すると指摘している。これは現代性科学で言うところの「膣の発汗」現象であり、透明な膣液なのである。そしてさらに

「子宮《こつぼ》の小口の内面《うちつら》にも腺《いとすじ》の管《くだ》ありて、常《つね》に滑《なめ》らかなる水を滲《し》み出《いだ》すなり」とも捉えている。

これは、膣口の下部、つまり後交連の上部の微細孔から洩れ出る、バルトリン氏腺液のことではないだろうか。いわゆる「先走りの水」と称される、無色透明な潤滑液のことである。

これらは、子種を含む卵としての淫水ではなく、それとは別種の愛液であることを、強調している。

しかし、尿道口の両側の微細孔から湧出する、スキーン氏腺液については触れていないように思われる。現代的な探査では、女の愛液は「バルトリン氏腺液」「スキーン氏腺液」「膣液」「膣頸管液」の四種が知られている。そのうちで、白濁しているのは「膣頸管液」のみである。続いて、

また女も男に同じく、卵《たまご》の中《うち》に精液《こだね》満《み》ち余《あま》れば、其卵《そのたまご》に連なる水脈《みずすじ》より静脈《ちすじ》に流れ入《い》るにて、卵のうちに久しく止《とど》まりて腐《くさ》るなどの憂《うれ》ひ無く、且塩気《かつしおけ》あるをもって、彼精脈《かのちすじ》のうちの血脈《ちみず》を動かし運ぶゆへ、陰門《おめこ》の血脈《ちすじ》に血液《ちみずみ》満つるなり。ゆへに膣中《おめこのうちに》及び子宮口《こつぼのこぐち》のうちつらより出る滑液《なめらかなるみず》のぬめりも塩気を帯びて、陰門に連なる意識神経《いしきしんけい》とて、房事《いろごと》して感触知覚《こころよくなる》の筋に滲《し》み通《とお》り、その神経《すじ》にある霊液《れいえき》とて、神気《たましい》を含む精水《きよきみず》を誘ひ動かすにて、房事《いろごと》の念《こころ》を催《もよお》し発《おこ》すなり。すべて、前に言ふ精液《こだね》の清く粘《ねば》りある水、又滑液《かつえき》の滑《なめ》らかなる水を、俗に腎《じん》水《すい》とも陰水《いんすい》とも陰津《いんつ》とも又津《づ》とも言ふなり。

と述べている。女の子種液は塩気を帯びているので腐敗する虞《おそ》れは無く、そのために愛液も塩気を帯びていると言う。愛液を十分に保持している場合は、淫念も充分に発動するとしている。

そして、粘液もさらさらとした潤滑液も、すべて「腎水《じんすい》」と名付けている。「津」は湧き出るという意味からの「津液《しんえき》」である。

受胎の神秘については、解明されてはおらず、「神気《たましい》を含む精水《きよきみず》」として「霊液《れいえき》」と呼んでいる。子種を含む液と、交合の潤滑液と混同して述べているのは、当時としては致し方無い。

しかし、ここまで掘り下げて探究しているのは、単なる実践と経験のみでは無く、西洋医学の導入があったからであると思われる。

二、津液を採取する

江戸末期から明治期にかけて、深化した女色を述べているのは『しめしこと雨夜の竹かり』（明治初期—一八六〇年代）である。本書を引用した『紅閨秘伝抄』（福田和彦・平成二）では、発刊年代を文政期頃（一八二〇年代）と想定している。

> 貌《かお》かたちの色、つやつやしきは、精液多く、夜のものもしとど濡《ぬ》るるほど、湧《わ》き出《いず》る。此《この》精液、女のは薄桃色《うすももいろ》帯《お》びたるぞ、眞《しん》の精液なれ。多くのうちには、此匂《このにお》ひ誠《まこと》に芳《かんば》しく、沈麝《ちんこう》も及《およ》ばざるほどの匂ひ持てるあり。色つや白剝《しらは》げて悪《あ》しきものは、精液枯《か》れて乾《かわ》きたり。以上の定めには、一つも違《たが》ふ事なし。

さて、女を選まんには、色白く薄黒きと無く、只つやつやしく、貌中高に、唇厚く、足の歩み外八文字に踏み出すものを、選むべきぞかし。

とある。ここでは、女の愛液をも精液と表現している。顔かたちが艶々としている女は、愛液が多く、交合に及ぶと夜の布団もびしょりと濡れるくらいに、湧き出るものである。女の愛液は、薄桃色を帯びているのが眞の愛液であり、中にはその芳しい香りは、沈香も及ばぬほどの素晴らしさである。顔の色つやが白っぽく剝げているような女は、愛液の浸出が無く、枯れて乾ききっている。

そこで、抜群な交合相手の女を選ぶには、肌の色白や色黒に関係なく、つやつやとして、顔が中高で唇が厚く、花魁が道中するように外八文字で踏み歩くような女である、と言うのだ。

三、眞液の摂取の仕方

当時の艶本の秘戯図には、女の尻下に器を置いて、女陰を男の指で弄して愛液を滴らせ、それを採取する図柄を見かけるが、ここでは直接に女陰から湧き出る眞液を、飲み取る方法である。いったい、眞液とは何か。それは『しめしこと雨夜の竹かり』を読み進むにつれて、だんだんと明らかにされる。

是《これ》を服《ふく》するに法あり。先づ女の玉門を指にてくぢること暫《しばら》く、此時《このとき》、指の股《また》に浸《ひた》るるほど出る水は、眞《しん》の精液に非《あら》ず。女は白帯下《こしけ》とて、玉門のうち常に滑《ぬめ》り潤《うるお》ひあるものにて、此水《このみず》は湛《たた》へ置《お》きたるもの故、匂ひも悪《あ》しく濁りて白きものなり。それを指もて悉《ことごと》く掻《か》き出《だ》して、扨《さて》陽物《まら》を挿《さ》し、浅く深く抜き差しする事、凡《およ》そ三四百度もすれば、女の眞液洩《も》る時にして、いつもよがる時よりも、一際眉《ひときわまゆ》を顰《しわ》め、腰に浪を打たせて悶《もだ》ゆること甚《はなは》だしく、眞液泄《も》れ出るなれば、其時《そのとき》陽物《まら》を抜き出して身を縮め、両の手にて女の太股より尻の下を抱《かかえ》上げ、貌差《かおさ》し入《い》れて玉門を舐《ね》ぶれば、いまだ玉門の口閉ぢず、びくびくと疼《うず》きて、たらたらと中より眞液流れ出るを飲み込み、猶《なお》も上の方を長く吸《すえ》ば、乳の出る如く、次第次第に滴《したた》り出《いず》る也。これぞ、無上《むじょう》の神薬也《しんやくなり》。

男が女陰を指で弄した時に出る液は、臭気のある白濁液で、これは眞液ではないと言う。それを男は、指ですっかりと掻き出してから、男根を挿入し、抜き差しすること約三四百回。この三四百回という回数に驚嘆させられる。普通は、いかほど深浅にゆっくりと抜き差ししても、百回ぐらいが限度ではなかろうか。

ともかく、そうすればいつもより女は、身悶えを激しくして腰を浮かすように絶快の境地に至るが、この時に眞液が泄《も》れ出ると言う。男は抜去して身を縮めて、女の尻を抱え上げて、女陰にしっかりと口を当てて舐め、中から出る眞液を飲み込む。さらに膣口の上方を長々と吸うと、乳が出るように滴って来る。これをまた口に含む。これが男の精気虚耗を治す最高の薬剤であると断定している。

四、一度で止めず再度行う

この眞液の嚥下《えんげ》は、二三度の連続が可能であると言う。女も舐陰の心地よさに、慎みも忘れて、その快美感に酔い痴れる様子が詳述される。

女、初めのうちは恥《は》じらふて否《いな》めども、後《のち》には舌先《したさき》の柔《やわ》らかきに、玉門の縁《ふち》に当《あ》たるにつれて、子宮《こつぼ》に響《ひび》きて、子宮の自《おの》づと引き出さるる如き快《こころよ》さに、己《おのれ》を忘れ喜び惑《まど》ひて、己《おの》が太股《もも》もて、男の貌《かお》を引き締めて放ちかねる程になりぬるもの也。かく行ひて、また上に乗り、陰茎もて突《つ》き滑《ぬめ》らするに、初めより気味《きみ》好《よ》きこと言《い》はん方無《かたな》し。女は前にも言ふ如く、幾度《いくど》も泄《も》らすものなれば、いかく吸とること、あまた数《かず》すれば、女いたく弱りて、翌日目眩《めまい》などする事あれば、二三度に限るべし。

女は舐陰されることを恥ずかしく思い、初めはいやがるけれども、体験をした後には、男の柔らかい舌先に女陰の空割を吸われる快感とともに、子宮にまでその快感が響いて、子宮が引き出されるような触感の悦楽に、忘我の境地に到達する。そうなると、股間で男の顔を挟み締めて、もっと続けて欲しいという仕種をするほどになる。

そうやってから、再び男根を挿入してぬらぬらと抜き差しすると、その性感の素晴らしさは、

舐陰
『会本和良怡副女《わらいぞめ》』
（天明８－1788）

一回目の時よりも倍増されて、その旨みは口では表現が出来ない。

女は前述したように、何度でも眞液を泄らすので、それにつられて吸い取ることを多くしてはならない。二三度ぐらいで止めるべきである。数多くすれば、女はひどく衰弱して、翌日は目眩などを起こす場合もあるので、注意が肝要である、とまとめている。

五、女の眞液を知らぬ人多し

女に眞液を泄らさせるには、並の仕方、並の男根では無理で、そのための修練をしなければならないと、説いている。

人をもて人を補《おぎな》ふとは、神仙《しんせん》の要道《ようどう》にて、其要訣《そのようけつ》は、女人の眞精《しんせい》を泄精《せっせい》する事稀《まれ》也。眞精と言ふものは、色玉《いろたま》の如く、すこし桃色を帯《おび》たるは上々《じょうじょう》の眞精なり。この眞精を泄《も》らさせんとするには、男子《だんし》強壮《きょうそう》にして、陽物《まら》堅牢《けんろう》にして、よく久しく交合す《とぼ》に耐《た》へざれば、これを見ること難《かた》し。世の人、多くは一生これを知らず。

人間の体液を以て、他の人間の薬とするのは、神または仙人の世界の大切な教えであり、その秘訣・奥義は、女人の「眞精《しんせい》」を摂取することであり、なかなか出来難いことである。女の「眞《しん》精《せい》」というものは、色は真珠のようで、少し桃色を帯びているのが最上のものである。これを女陰から浸出させるには、相手の男は強健で、しかも男根は堅固に勃起し、長時間の交合に耐え得るようでないと、この女の「眞精《しんせい》」を目の当たりにするのが困難である、と述べる。

何か神秘的な趣であるが、軟弱な男は、一生涯、女の「眞精《しんせい》」を体験せずに終わるようである。抜き差し三四百回では、まさに「強壮《きようそう》にして、陽物《まら》堅牢《けんろう》」のスーパーマンという訳である。

六、眞液はどこから湧き出るのか

さて、いよいよ最終段階である。現代の性科学の恰好の資料となる箇所である。

されば、只今、眞精《しんせい》の洩れんとする徴《しるし》ある時は、陽物《まら》を子宮の上の方へ押し付けて動かさず、摩《す》り付《つ》け摩《す》り付《つ》け擦《こす》るべし。女人の精《せい》の洩《も》るる穴は、陰戸《ぼぼ》の下方《かほう》に有るものにて、子宮より出るには非ず。凡俗《およそ》、みな子宮より精を出すものと思へるは、大なる謬《あやまり》也。夫《それ》は種子《たね》を受ける穴にして、その廻りを擦《こす》り突《つ》かるるが快《こころよ》き故《ゆえ》に、上の方にある精道《せいどう》より眞精《しんせい》を洩らす也。これを陽物の鈴口にて受け吸ふ時は、自體《じたい》をすこやかにして肌膚《はだふ》を潤《うるお》し、精血《せいけつ》を増し、一夜に十女を御《ぎよ》するとも、更《さら》に損傷《そんしよう》する事なきに至るなり。この時、陽物を早く抜き出せば、女人の興《きよう》を失ひて、十分に精を洩らさず、遅き時は既《すで》に洩れて、受け吸ふ事能《あた》はず。毫末《ごうまつ》の違《たが》ひいといいと難《むずか》しき事也。

さてさて、いかがであろうか。ここでは眞精《しんせい》の洩れる穴を説明している。「女人の精《せい》の洩《も》るる穴は、陰戸《ぼぼ》の下方《かほう》に有るもの」であり、「子宮より出るには非ず」とある。

女陰の愛液の湧出の神秘は、現代の性科学でも未だ究明され尽くしていない。俗に、「潮吹き」などと言われる、多量に湧出する愛液なども、解明されていない。本書で言う「眞精《しんせい》」とは、いったいどんなふうに捉えたらよいのであろうか。

スキーン氏腺液は、尿道口の両側の微小な穴から浸出され、無色透明で少量である。膣口の下方にある微小な穴から湧出するのは、バルトリン氏腺液であり、これも無色透明で少量である。子宮の頸管部から出る頸管液は、白濁した液で、量も多めであるが、これも「色玉の如く、すこし桃色を帯《おび》たる」眞精とは、かなり違っている。「凡俗《およそ》、みな子宮より精を出すものと思へるは、大なる謬《あやまり》也」と、本著者は言う。実践に実践を重ねた、自己の体験から説いている強みが、ここに表明されている。交合に対する執念は、むしろ求道の精神にさえ近いように思われ、その熱意は信仰的でさえある。もう少し、探究してみよう。

眞精の湧出部位は、「陰戸《ぼぼ》の下方《かほう》に有るもの」で、「上の方にある精道」であると指摘している。ここで、「陰戸の下方に有るもの」と言っているのは、バルトリン氏腺や尿では無いということであり、子宮から出るものではなく、「上の方にある精道」と言う。これは、膣の内部を指しており、どうやらGスポット辺りと解することが出来る。したがって、現代の性科学で明らかにされている「膣の汗」なのではなかろうか。膣は、性的興奮が極度に達すると、膣壁から汗のように、潤滑液が滴《したた》り出ることが知られている。性的感度が良好な女陰は、絶頂期が訪れると、膣壁から止めどもなく「膣の汗」が出るとされている。これが、本書で言う「眞液」・「眞精」であると考えれば、合点がいくことになる。

さらに、眞精を洩らすような兆しになったからといって、男根の抜去が早すぎると、女体は急激に絶頂の波が遠ざかって、十分に眞精が洩れず、機を逸して抜去が遅すぎると、眞精が無駄に溢れ流れて、吸い受けることが不可能になってしまう。この微妙な差異を会得するのが難しく、修練をすることが肝要であると述べている。

七、眞精排出時の女人《にょにん》の兆し

この『しめしこと雨夜の竹かり』では、眞液・眞精の排出部位と、その液の色まで観察している。

さらに、排出時の女体の嬌体までも描写している。それには、

大凡《おおよそ》、其兆《そのきざ》しを知るには、手足指し伸ばし、腰をいつ迄も持ち上げて、摩《す》り付け放さず、陰戸《ぼぼ》、陽茎《まら》を喰《く》ひ締めて、抜き差し吸ひ付きて大腰遣《つか》ひ難《かた》き時は、女人の声を発する兆しとすべし。又、一法には、始めより女に我が舌を舐《ね》ぶり含ませあるに、眞精洩れんとする時、いかほど強ゐても、我が舌を舐《ね》ぶり居る事叶はず、口を開きて顎《あぎと》の外《はず》れたらん如くになるを、兆しとすべし。此故に、修眞の士は、二八の浮草を捨てて、三七以上の眞楽を賞するとかや。

とある。女が絶頂に至った時の反応の一つに、腰を持ち上げて身を弓なりに反らすと言われるが、ここではその凄まじきアクメの相を捉えている。また、忘我の境地に達して、顎が外れたように、口を大きく開いて喘《あえ》ぐ様相も、壮絶である。そして、真の性愛探求者は、女体が未成熟な十五六歳（二八）を対象とはせず、二十一歳以上（三七）の女体を対象にするようである、とその耽溺ぶりを述べている。

第五章　九浅一深《きゅうせんいっしん》（男の効果的な交合運動）

一、浅くがよいか深くがよいか

『黄素妙論《こうそみょうろん》』は、中国の黄帝が女医の素女に交合に関する奥義を聞き質して、それを記録したものという。黄帝は、中国の古代伝説上の皇帝で、名は軒轅《けんえん》と伝えられる。度量衡を律し、音楽を統一した賢帝であり、その「黄帝内経」は、中国最古の医学書と言われる。『黄素妙論』は、その内の交合に関する項目だけを抜き出したもののようである。我が国に渡来したという天文年間は西暦一五五〇年頃で、戦国時代の真っ只中である。当時の有識者によって翻訳され、以後、連綿と読み継がれ、江戸の文化年間（一八一〇頃）に奥村慎猷によって新装再版されたとされる。そこには女に絶快を感ぜしめるための心得が説かれているが、古代のものとは思えぬほどの斬新性に溢れている。交合に際して、男は深く突くのがよいか、浅く突くべきかの論については次のようにある。

黄帝のたまはく、陰陽交合の道に出入深浅の術、利害損益の法ありと聞く、願くは吾れに是れを告げよ。

素女答へて曰く、夫れ、女人を美快ならしむこと、強ち深く入るるにもあらず。又玉茎の大なるを好むにもあらず。或は其の時の興により、或時は其の女の好む処に当たる時、美快なること限りなし。其時は最後を忘却して、恥を忘れ感に耐えかねて、歯をくひしめ、身をすくめ、ふるはし、鼻息あらく、眼をふさぎ、そぞろ声を出し、面も赤く熱し、津液多く流るるものなり。一寸入るるを琴法《きんぽう》といふ。二寸入るるを菱歯《りようし》といふ。三寸入るるを嬰鼠《えいそ》といふ。四寸入るるを玄珠《げんじゆ》といふ。

この奥義を見ると、何回深く入れたら次に何度浅く入れるという論を展開していない。女の情欲の所在により、また男根の当たる箇所にもより、その都度異なることを述べている。女が絶頂に至った時の外観的状態は、「歯をくひしめ、身をすくめ、ふるはし、鼻息あらく、眼をふさぎ、そぞろ声を出し、面も赤く熱し、津液多く流るるものなり」と説明され、まさに真に迫った女の表情を指摘している。

男根を一寸（約三センチ）入れるのは、琴法と名付けているが、これは語義から類推すると、女が触感に開発されて共鳴する心が湧き出るというのであろう。二寸（約六センチ）入れるのは、菱歯と呼称し、女が性興奮が誘発されて、硬直した男根に刺激を受けるという意味であろう。三寸（約九センチ）ぐらいまで挿入するのは、嬰鼠である。「嬰」はまとわりつく・めぐるの意、「鼠」は小さくこそこそするの意であるから、男根の動きに合わせて女陰も適度に反応し、少しは蠕動《ぜんどう》をするという事である。男根を四寸（約十二センチ）ぐらい嵌入すれば、それは玄珠と呼ばれるが、「玄」は奥深い、「珠」は道の本体という意味合いがあるので、これは交合の正道の実態であるというのである。

二、四五寸入れるが肝要

江戸初期の指南書『房内戯草《ぼうないたわれぐさ》』（別名「業平戯草」）（寛文三―一六六三）には、すでに「九《きゅう》浅一深《せんいっしん》」の技法が説かれている。「女の相形《そうぎょう》を知ること」という一節があり、女の性的な興奮と反応を感知しながら、男は取り組みを始めるという伝授である。

（女が）股を広げん時、そばにてちと入れるようにて、引き外すべし。かように引き取られて、女は辺りも憚らず、はやと物《もの》の怪《け》あれかしと思いてある時、陰《いん》を探れば、定《さだ》めなくしみじみとして、めでたき事限《かぎ》りなし。その時、玉茎《たまぐき》をもて上《あ》げさまに、二三度ばかり上下《うえした》へわたすべし。この時、女

女の相形を知る事

（『房内戯草』）

鼻啜《すす》りして、早《はや》く速《と》く入れよと思いて、男をひしひしと抱き付て、腰を寄せ股《よ》を上ぐる時、一寸ばかり入れて、上下へむらなく合《あわ》し廻《まわ》すべし。脅《おび》えあがる事、冬の夜の氷水《こおりみず》を掛《か》くるが如《ごと》し。

女の心情と肉体を燃え上がらせ、交合の快楽の期待に悶えるばかりに導入する作法である。女の口を十分に吸って興奮を喚起してから、男根を少し挿入してからすぐに抜き去る。そうすると、女は「はやと物《もの》の怪《け》あれかし」（物の怪が取りついたように乱れる）ことになる。そして採春（男が指で女陰を弄する）をすれば、女陰はしとどに濡れて、男のやる気を倍加させるものである。そこで、男根を上向きに嵌入し、上下へ二三度擦り廻す。女がもっと入れてよと股を擦りつける時、男根を一寸（約三センチ）ほど入れて、上下をむらなく擦り廻すと、女は快感に体を戦《おのの》かせるが、それは寒夜に氷水を浴びせ掛けたほどなのである。続いて、

その時、柔《やわ》らかに四五寸ばかり入れて、廻《まわ》す事あるべし。その時、九度《ど》は浅く、一度《ど》深く入れるべし。九浅一深《きゆうせんいつしん》とは是也《これなり》。さて、そこのみあいしらいて、ある時は大小を嫌《きら》わず、二寸三寸もふそくならざらまし。是《これ》を上品上《じようぼんじよう》と名付《なづ》くる也。よくあること九十九度也。ただし男の振る舞いに因《よ》るべし。女に数《かず》を極《きわ》めつれば、汁《しる》も少《すこ》し乾《かわ》きて、女はよしやとて、男を押《お》し退《の》くる也。いかなる良《よ》き美快《びかい》も、機嫌悪《きげんわろ》き時は、三玉沈《しず》みて悪《わろ》し。また時ならずは無益《むやく》也。よくよく秘伝《ひでん》を受《う》くべき事なり。

この時、ゆっくりと四五寸（約十二〜十五センチ）ほど突き入れて、擦り廻すのが良い。この擦り廻しをしながら、九回は浅く突き入れ、一回は深く突き入れるのが肝要である。これが「九

浅一深」の法である。そしてこの緩急自在の抜き差しを行えば、男根の大小に係わらず美快を与えられ、二三寸ほど短い男根でも、その短さを感じさせないのである。これを「上品上《じようぼんじよう》」と名付ける。この技法では快美感を感得するのは、百回行って九十九回にも達する。ただし、男の慎重な抜き差しの技法にすべて因るものである。

男は、いかに女に性の快楽を与えることが重要かを説いている。そして、女が快感の絶頂に至ること数回に及べば、愛液も乾いて来て、女は満足気に「もう、十分よ」と言って、男の体を押し退けるようになる。どんなに最高の美快でさえも、女の体調が整わない時は、三玉も沈み込んで、男も女も満足には至らない。この秘伝を男は必ず身に付けることを心掛けなければならない、と結んでいる。

三、正常位で行えば、効果的

『房内戯草』から下ること三十年、閨房文化は着実に伝えられ、工夫が加えられて行く。『好色旅枕』(元禄八—一六九五)では、交合体位を説明した中に「比翼軒《ひよくけん》」(いわゆる正常位)を究極の本戯としており、前戯を丹念に行ったのち、次のようにある。

右段々の法を行ふ時は、五臓六腑潤《うるお》ふ故に、男の物言ふ事も耳に入らず、目には涙を浮かべ、口に涎《よだれ》を流し、手足をもがき、洟《はな》すすり、早く行へかしと言はぬばかりに、男にひしひしと抱《いだ》き付《つ》き、身を悶へ、もがくべし。その時、なるほど柔らかに、玉茎の半ば浅く差し込み、九度突くべし。女悦び、脅へ上がる事、冬の夜に水を注ぐが如くにして、深く入れよ、と腰を持ち上げ、両の足を男の腰へ打ち掛け、もがく時、根元まで深く差し込み、三度突くべし。これを九浅三深と言ふなり。気の行かんとする時は、九浅三深を打ち返し、九浅三深と行ふべし。かくの如く、次第段々を行ふ時は、女いつまでも忘るる事無く、縁深く、夫婦仲良く、比翼の契りとなるが故に、比翼軒と額にしるす。

女は興奮の頂点に至って、もう男の言葉も聞き取れず、涙を浮かべ、涎を垂らし、手足をもがいて、鼻水を啜り上げ、「早くやって」とばかりに抱き付いて身悶えする。満を持していた男は、ゆっくりと男根の半ばまで浅く嵌入し、九回抜き差しする。女が喜悦して身悶えするのは、「冬の夜に水を注ぐ」ようである。この女体が快感に身を奮わせて戦慄する表現は、明らかに『房内戯草』からの引写しである。

女が「もっと深く入れて」と言うように、女陰を強く押し付け

比翼軒（『好色旅枕』）

て来たら、ここで初めて男はぐっと男根を根元まで深く差し込み、三回抜き差しする。これが「九浅三深」の法である。女体はもう絶頂に至るばかりであるから、この「九浅三深」の抜き差しによって、完全にアクメに達する。女が気が行く時には、「九浅三深」を繰り返し繰り返し行う。このように、常に女をアクメに導けば、女はこの男を忘れることは無く、最愛の男として一生離れることは無いと言う。

これに続けて、さらに次のように説いている。

（男は）淫水《いんすい》の早く洩《も》らさず、女に気《き》を先へ遣《や》らせるがよし。男、淫精洩《いんせいも》れさうならば、止《と》めてよし。口伝、男の尻の戸渡《とわた》りを中指にて、時々抑《おさ》へば、淫精洩れ遅《おそ》し。右、是迄、業平一子《なりひらいっし》相伝五《そうでんご》法《ほう》の大事《だいじ》とて、大秘密の手也。よくよく鍛練《たんれん》して行ひ給《たま》ふべし。

現代でも、女の絶頂は男よりも遅めなので、男が先に射精しないほうがよいと言われる。ここでも、女を先に遣らせてから射精すべきであると断じている。「戸渡り」とは「蟻《あり》の途渡《とわた》り」とも言われ、肛門と性器の間の、皮膚が鎖状になっている部分である。射精を止める秘法として、発射しそうになったら、この「戸渡り」の箇所を中指で押さえると、射精を遅らせることが可能と述べている。

女に交合の旨みを感得させる、これらの段階的秘法は、希代の色豪、在原業平が伝える秘法であると言う。これを鍛練して身に付け、女をいつも快楽に耽溺させるのが男の甲斐性であると説いている。さて、平成の現代人は、これだけ女に奉仕出来るのであろうか。これは、やはり習練によるものであり、長持ちさせることも訓練以外には無いであろう。

四、射精をする時の秘術

男が絶頂に達して射精する際にも、心得ておかねばならぬことがあると言う。現代人も一考を要する指南である。

淫精《いんせい》の行かんとするを止むるやうの口伝《くでん》有り。すでに行かんとする時に身を伸べて、左の手の人差指にて、睾《きん》丸の根《ね》を押さへ、両足《りようそく》の親指をなるほど強く反《そ》らし、十度重《じつたびかさ》ねて、息をつくべし。行きかかりたる淫精も、そのまま止《と》まるもの也。又、淫精を洩《も》らすといへども、十度が一度に向かふ秘術ありて、それはなるほど女のよき時分《じぶ》を窺《うかが》ひて、一所《いつしよ》に洩らすべし。洩らす時、浅く抜き、一二寸の間《あいだ》遊ばせて、目を塞《ふさ》ぎ背骨を少し屈《かが》めて、肩を窄《すぼ》め、口を閉《と》ぢて洩らせば、一入心地《ひとしおごこち》よくして、精汁《せいじゆう》の洩るるは、十分《ぶん》の一つにも及ばぬほど少なき故、男の五体くたびるる事無く、一夜に十度《とたび》も行なはるるもの也。たとひ、一夜に十度も行なふといへども、一度のくたびれにも及ばずして、おもしろき事限りなし。是《これ》、一大事の秘密也。

さて、物凄い秘術があったものである。現代から三百年も以前に、ここまで研鑽をした男たちが居たことが、先ず驚きである。

射精を遅らせることは、女に性感に長く浸らせる効果があり、男の嗜みとして必須である。本書は、先に「蟻の戸渡り」を指で押さえると、射精を抑える効果があると述べているが、ここでは、左の人差指で睾丸の根元を押さえ、両足の親指を強く反らして、十回ほど呼吸をすると、射精を止めることが出来ると言う。

また、射精を繰り返しても、男を疲労させないという術を述べる。抜き差しを繰り返しているうちに、女が絶頂に至って、もう頃合いもよしという時分に、女のアクメと一緒に射精をする。その射精の瞬間には、男根を浅く抜き膣に一二寸（約三〜六センチ）だけ残して、目を閉じ、背骨を少し屈めて、肩を窄めて、口を閉じて精液を発射すれば、ことさらに絶快であり、精液は十分の一ぐらいしか排出しないので、男の五体は疲れることは無いと述べる。一晩に十回射精しても、少しもくたびれるということは無く、男にとっては気持ちが晴れて楽しい限りである。この秘法は、最高の極秘事項である、と結んでいる。まさに極意中の極意という訳である。

第六章　交合体位（どんな接し型があるか）

一、有史以前の九体位は

紀元前に纏《まと》められたという『黄素妙論《こうそみようろん》』には、体位が九つ挙げられている。四足獣のように、女の体の後背位から男がのし掛かって行うという姿態が、往古からの体位であると言われているが、ここに説かれた九体位はいかがであろうか、興味深いものがある。黄帝が、神妙術を会得している素女に問う形式で話題が進んで行く。

黄帝問うて曰く、交合のあまたありや。素女答へて曰く、恭《うやうや》しく聖問《せいもん》を受けて如何でか答へざらん。淫乱の説にあらず、交合の奥伝、養生の神術なり。然《しか》れば、交合の道に其の法九あり。

交合体位は、神術としての奥伝であるとして、次の九体位を挙げている。

第一。龍翻勢《りゆうはんせい》。女人をあをのけに伏さしめ、其の股を開かし、男子その股の間に在り。腹の上にかかり伏し、先づ口を吸ふべし。女は腰を張り、玉門を持ち上げ、玉茎を受くべし。男子は玉茎にて、玉門の合せ目を撫でつつ、潤《うるお》ふに従って玉茎を動かし、八深二浅の法を行ふ時は、両情共に楽しく、百情忽《たちま》ち消除するなり。

「龍翻勢《りゅうはんせい》」とは、龍が天空を飛んでいる様子という意である。いわゆる本手型であり、正常位である。女は仰向けに横たわり股を開く。男はその開いた股の中に両膝を突き、女の腹の上に覆いかぶさる。先ず口吸いを行う。女は両足の足底を地に付けて腰を張るようにして、尻を浮かせるようにして、男根の挿入を容易にする。男は、男根で女陰の空割《そらわれ》を擦《こす》りながら、女の淫欲を喚起し、潤いが出て来たら挿入して、「八深二浅」の法を行う。抜き差し十回のうち、奥深く入れるのは八回で、浅く膣口を擦るのは二回というやり方である。これを緩やかに行うと、男女の情愛は愉楽の楽しみに満ち溢れ、世間の嫌な感情は忘却し、交合の絶妙な旨みを共感することができる。

第二、龍歩勢《りゅうほせい》。女人、うつむきに伏さしめ、男其の後にかしこまり、女の腰に取りつき、即ち玉茎を入るべし。五深八浅の法を行ふ時、玉門はりふくれ、津液外に流れ、玉門の内固くなるものなり。男の意ゆるゆるのび、女情悦して、互ひに血流流通するなり。

「龍歩勢《りゅうほせい》」とは、龍が歩んでいる様子を言う。女はうつ伏せに伏す。男は女の伸ばした両足を跨ぐようにして乗り、女の臀裂《でんれつ》の間から男根を挿入する。そして抜き差しは「五深八浅」を行う。五回は深く、八回は浅く抽送する。女陰は刺激の快感に応じて、張り膨れ、愛液が外に流れ出て、女陰の奥部が固く締まるようになる。楽な姿勢であるから、男の性感も伸び伸びとしてゆったりとなり、女はその悦楽を味わって、共に快美感に浸ることができる。男上位の女後背位である。女は少し尻を浮かせるように突き出した方が容易である。男根は深くは入らぬが、女の肛門や会陰部を擦るので、肛門部位の性感が豊富な女には、またとない悦楽である。

「五深八浅」の法とは、珍しい。男が豊満な女の臀部に接するから、その密着度を楽しむことが出来るし、膣ばかりでなく臀裂でも男根のつけ根が擦られるので、変わった感触を得られる。

第三、猿搏勢《えんぱくせい》。男子座して両の股を合せ、両足を揃へて差し出す。女人、両股を開き、男の腿の上に座し、両足にて男の腰を挟み、即ち両皮結合して、玉門潤ふ時、玉茎を差し入れるべし。男子、女人の尻を抱へて、九深五浅の法を行ふ。津液《しんえき》流出して、互病頓《とん》に癒《い》ゆ。

「猿搏勢《えんぱくせい》」は、猿が互いにしっかりと前向きに組み合っている様子の意である。いわゆる女上位の座位である。男は両足を揃えて前方に差し伸ばし、女はその上に跨がって座り、両足を開いて男の腰に巻き付ける。上向きに直立した男根に、女は上から迎え入れ、静かに腰を落とすことになる。女は腰を少し前方にしゃくるようにした方が、結合し易い。男は女の尻を抱えて、それを揺さぶったり、腰を上方に突き上げたりして、抜き差しを行う。女はあまり運動は出来ないが、回転運動を緩やかにするとよいと思われる。「九深五浅の法」とは、これまた素晴らしい。体位の違いによって、浅深の突き方を変えるというのが、秘伝たる証拠である。女の白濁した愛液が溢れ出て、男の股間や陰嚢までも滴り濡らすことになる。この方法で行えば、互いの病もすぐに癒えると言う。

第四、蟬附《せんぷ》勢《せい》。女人うつむき伏し、両の手をつき、左の股を差し延べ、右の腿を屈めて、男子其の尻に膝ま付き、即ち玉茎を差し入れて赤珠《せきしゅ》を叩き、六深九浅の法を行ふべし。玉門はづみたるに依りて思はぬ所に当たり、残りなく精汁を出すなり。

「蟬附《せんぷ》勢《せい》」とは、蟬が木の幹に取りついている様子の意である。俗にいう逆茶臼のような体位である。女は両手を地に付けてうつ伏せになり、片方の足は伸ばし、もう一方を屈める。片足の跨座のようである。男は膝立ちをして、女の背後から挿入し、陰核を叩くように擦り付ける。そして「六深九浅」の抜き差しをする。陰核の刺激を十分に受けている女陰は、性的に弾んでおり、また腰を浮かしているために、男根の抜き差しによって、色々な箇所に突き当たり、その悦楽も極度に達する。女は、ありったけの愛液を噴出させると言う。

第五、亀騰勢《きとうせい》。女人をあをのけに伏さしめ、男子の両手にて女の両足をとらへ、女の乳のとまりまで女の足を押し屈め、即ち玉茎を差し込む時、女人の欲情おのづから動じて、美快を極め、液汁流れ出づること限りなし。

「亀騰勢《きとうせい》」とは、亀が勢いよく乗り掛かるという様子の意である。男上位で、女の両足を手に持ち、女の胸の辺りまで押し屈める体位である。女の尻は高く上がるので、屈曲位の一つである。男根は奥深く挿入され、子宮膣部にまで達することが出来る。男根の先端は、子宮頸管部に当たるので、滑らかなくりくりとぬめる感触が快い。女もポルチオ性感に長けていれば、極上の「美快を極め」ることになる。ここでは抜き差しの法が説かれていないが、男は浅く突くよりは、深く静かに煽るように蠕動し、膣壁一杯に擦り上げるようにするのであろう。女の白濁した頸管液が、絶え間なく奥底より噴出し、液汁淋漓《りんり》という状態になるという。

第六、鳳翔勢《ほうしようせい》。女人を床の上に横ざまにあをのけに伏さしめ、女自ら両手を以て男を抱へ、両足を腹の上にかがめ置く。男は床の上より立ちながら玉茎を深く差し入れて、玉門の奥を左右にこぢるべし。女、自ら腰を左右に動かす時、三深八浅の法を行ふべし。誠にこの勢は陰陽秘術の口伝なり。
「鳳翔勢《ほうしようせい》」とは、大鳥が空を飛んでいる様子に準《なぞら》えている体位である。単なる仰向けではなく、「横ざまにあをのけに伏さしめ」と言っているので、女は横臥位のようである。女は両足を腹の上に屈めており、男は膝を突かずに爪先立って、女の持ち上がった尻に寄り掛かるようにして、男根を挿入する。深く差し入れて「玉門の奥を左右にこぢる」ことを勧めている。女の屈した両足と、男の爪先立った足先がバネとなって、交合運動が容易になるようである。女も腰を左右に揺すって動かす。そして「三深八浅の法」を行う。この体位は秘儀中の秘伝であり、並の体位ではないという。

第七、莵吮勢《とせんせい》。男子、あをのけに伏し、両足を差し伸べ、女は男の股の上より、女の顔、男の足首の方に向ふべし。女の手にて玉茎を握り玉門に当て、琴絃《きんげん》に望ましめ、潤ひ生ずる時、深く差し入れて、三深八浅の法を行ふべし。女の心中美快なることたぐひなし。

「莵《と》吮勢《せんせい》」とは、兎が飛び跳ねる前のすぼまった姿勢、または兎が口で物を舐めている姿勢を言う。男は仰向けに寝て両足を伸ばし、女は男の足の方を向いて乗る。いわゆる逆茶臼型である。勃起した男根を女は握りしめ、女陰に軽く当てて揺り動かし、女陰が湿潤になったら、深く差し入れる。「琴絃《きんげん》」は、琴の糸のことで、軽く一寸ほど入れる意であり、男根の先端と膣前庭部との抉擦による愉楽を共に感得することになる。穏やかな快感によって女陰に潤いが出たら、女は腰を深く落として、男根を深々と入れる。そして「三深八浅の法」を行う。女の美快は比類もないほど激烈であるという。

第八、魚接鱗《ぎよせつりん》。二女を用ふる時の法なり。一女をば仰向《あおむ》けに伏せしめて股を開き、一女は男の交合する時のごとくうつむきて胸を合せ、あをむきたる女の股の間にかしこまり、両女の玉門相合せて、互に抱き合ひ、男は両女のしりへにかしこまり、上下の玉門を眺め、膨れ潤ふ時先づ下の女の玉門に玉茎を差し入れ、静かに出入するなり。上の玉門うらやみを起して津液甚だしく流るる時、即ち上の玉門に差し移して静かに浅深の法を行ふべし。又下の玉門羨みを起し擦り廻す時、又下の玉門に玉茎を差し移して、ゆるゆる深浅の法を行ふ。此の如くしても、男の精汁をば堅く保ちて、慌てて漏らすべからず。誠に此法胸中の鬱気を払ひ、一切の病を退ける中だちなり。

「魚接鱗《ぎよせつりん》」とは、魚が連なり合う形状を言う体位である。二つの女陰を同時に攻める法で、すでに当時から行われていたとは、まさに驚異である。それぞれ両足を開かせた女を、一人は仰向きに寝かせ、その上にうつ伏せの女を重ね乗せる。男は女の開いた股の中に居て、目前に逆方向に重なっている二つの女陰を見る。最初は、下の女陰に男根を挿入する。静かに抜き差しをすると、抜き差しの旋律や女の興奮の度合いが上の女にも伝わり、上の女陰が潤って来る。そうしたら、男根を抜去して上の女陰に挿入する。こうやって交互に上下の女陰を味わう。膣軸が逆向きなので、上下ともに別種の感触があり、男の交合欲は満たされることになる。男は持続させて、「慌てて漏らすべからず」と戒めている。これを行えば、「胸中の鬱気を払ひ、一切の病を退ける」としている。

第九、鶴交頸《かつこうけい》。男子、壁に依りかかりて座す。女の手にて男の首を引き寄せ、女の右足にて男の腰を打まとふ。男、右の手にて女の左の股を押し上げ、女の足首を男の肩に打ちかけさせ、両人の身をしっかりと合せて、女の手にて玉茎を握り、玉門にあてがひ、二寸は及ばしめ、玉門頻りに潤ひ、玉茎甚だ堅くなれば五寸に差し込みて、静かに動かし九深一浅の法を行ふ。玉門美快の処に自然当る時、津液流出する事誠に限りなし。男女とも気めぐり、血通じて、諸病忽ち癒ゆるなり。

「鶴交頸《かつこうけい》」とは、鶴が互いに長い首を交差している様子をいう。女上位の座位である。男には背もたれが必要で、壁等を背にする。女は男の座した股間に乗り、右足を男の腰に絡ませる。男は右手で女の左の股を押し上げて、その足首を男の肩の上に乗せる。女は大股開きの型になる。女は両手で男の首筋にしがみつき、男は女の尻に手を廻して、上半身はしっかりと抱き合う。女は男根を握って、女陰に二寸（約六センチ）ほど挿入して揺り動かし、湿潤になったら、五寸（約十五センチ）ほど差し入れて、「九深一浅」の抜き差しを行う。この体位では男根は膣の奥深くには届かないであろうから、五寸くらいの挿入でよいのであろう。そして「玉門美快の処に自然当る時、津液流出する事誠に限りなし」ということになると言う。

二、図解を見て十六態

江戸中期の先進的な性愛指南書『好色旅枕』〔江戸版〕（元禄八―一六九五）は、内容的には『好色訓蒙図彙』を伝承しており、ほとんど同じ表現の箇所もあるが、指南書としてはよくまとまっていて、交合体位を十六態示している。

前戯を十分に施し、女の心身を性的に高揚させてから、本技を行うことが法であると説く。先ず、「吸口軒」として女の口を吸うところから始まる。いわゆるディープ・キスは性愛行為の一つというのが、我が国の文化なのである。その原文は、すでに五四頁で引用した。この口吸いをじっくりと行うことが、交合への導入の第一歩である。次いで「摩曲軒」である。

摩曲《まきよく》とは、摩《さす》って女の五躰《ごたい》を和《やわ》らぐるによって言ふ。先づ、男女ともに横に伏《ふ》し、男の腹と女の腹と、なるほど強く締《し》め合《あ》はせ、男の左の手にて女の背中、三のゆ辺《あた》りより、そろそろと摩《さす》り下《お》ろし、腰《こし》の回《まわ》りを摩《さす》り柔《やわ》らげて後《のち》、女を仰《あお》のきに伏《ふ》させ、乳の下より臍《ほぞ》の回《まわ》り、両腿《りようもも》、玉門の額《ひたい》、陰阜《ほがみ》まで摩《さす》る時は、女の五躰柔らぎ潤《うるお》ふて、ひとしほ喜《よろこ》ぶものなり。

女の体表の性感帯を静かに撫で摩ることを推奨している。裸でしっかりと抱き合ってから、男は左手で、女の背中から臀の上部

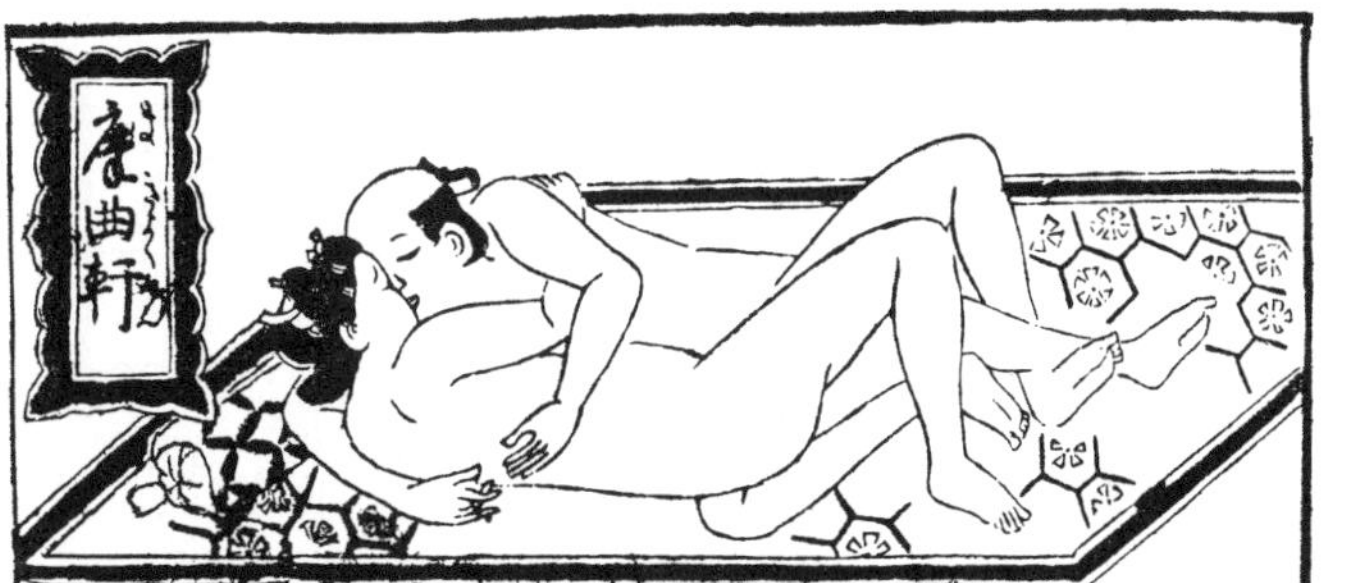

摩曲軒（『好色旅枕』）

から摩り下ろす。「三のゆ」とは「三の図」とも言い、臀の上の方を言う。そして腰の回りを丹念に撫で摩り、女を仰向けにさせて、乳の下方から臍の回りに至り、太股の内側から女陰の性毛の生えはじめの辺りから陰裂の上部までを撫でる。男の温かい手で、背中から尻、尻から内股までを撫で摩られれば、女の体は柔らかくなり、かつ潤いが出てくる。性感帯を刺激されて女体は、性愛の臨戦態勢に導かれる。

続いて「乳遊軒《にゆうゆうけん》」である。乳首と女陰の二所攻《にところぜ》めである。

摩曲にて女の五躰を柔《やわ》らげて後《のち》、女の乳首《ちくび》を舌先にて舐《ね》ぶり、指にて玉門をくじるべし。脾腎の一臓潤《うるお》ふ故《ゆえ》に玉門に汁《しる》出《い》で、核《さね》の先《さき》ひょこつくもの也。かやうの手立《てだ》てをもって、なるほど女を弾《はず》ませたるがよし。

裏側と表側の皮膚の快感を感得させてから、今度は女の乳首を男の舌先で舐め、一方、指で女陰を弄するのである。内臓が刺激されるために、愛液が溢れ出て、陰核が性的な興奮に勃起して露呈されるようになる。これで女体は、もう十分に弾み切ってしまうのである。

さらに「膝上軒《しつじようけん》」の法である。男根で女陰を弄するのである。

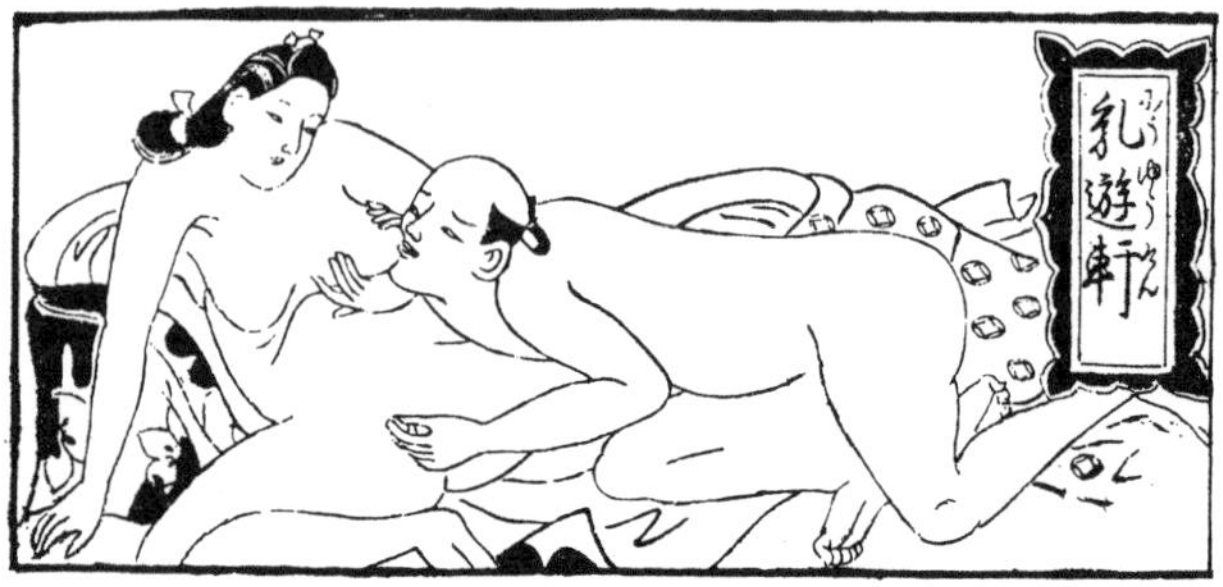

乳遊軒（『好色旅枕』）

乳遊軒の法を行ひて後、膝上の曲実《きよくじつ》といふ手あり。これは、男、座を組み、女を仰のきに伏せ、両足を男の膝の上に上げさせ、玉門を傍《そば》へ引《ひ》き寄《よ》せ、男の手にて玉茎《たまぐき》を握り、玉茎の先に唾《つわ》を付け、女の核頭《さねがしら》をなぶるべし。玉門潤《うるお》ひ、汁《しる》の出《で》る事出湯《いでゆ》の湧《わ》くがごとし。その時、一寸ほど玉門へ差《さ》し込《こ》みては引き抜き、また核《さね》をいらひては差し込み、四五度も戯《たわぶ》るべし。女堪へかね様々ともがく物なり。核《さね》は小腸の腑《ふ》へ連《つら》なる故、小腸潤《うるお》ひ、女の薬となる。

乳首を男の舌先で弄され、指で陰核を転がされて、興奮の途上にある女に、またまた次の技を施す。仰向けに寝た女の開いた両足を男の膝の上に引き上げ、男根の先に唾を付けて、それで陰核を擦り廻す。女陰は性的興奮の坩堝《るつぼ》となり、愛液が止めどもなく溢れ出て、それはちょうど温泉が湧き出るようなものである。それから、男は男根を一寸（約三センチ）ほど挿入し、すぐに抜き去り、また陰核を男根の先端で擦り、再び一寸ほど挿入し、これを数回行うと、女は興奮の極致に達し、堪えかねるように体を奮《ふる》わせてもがく。

ここで、本技の「比翼軒」に至るのである（「比翼軒」につい

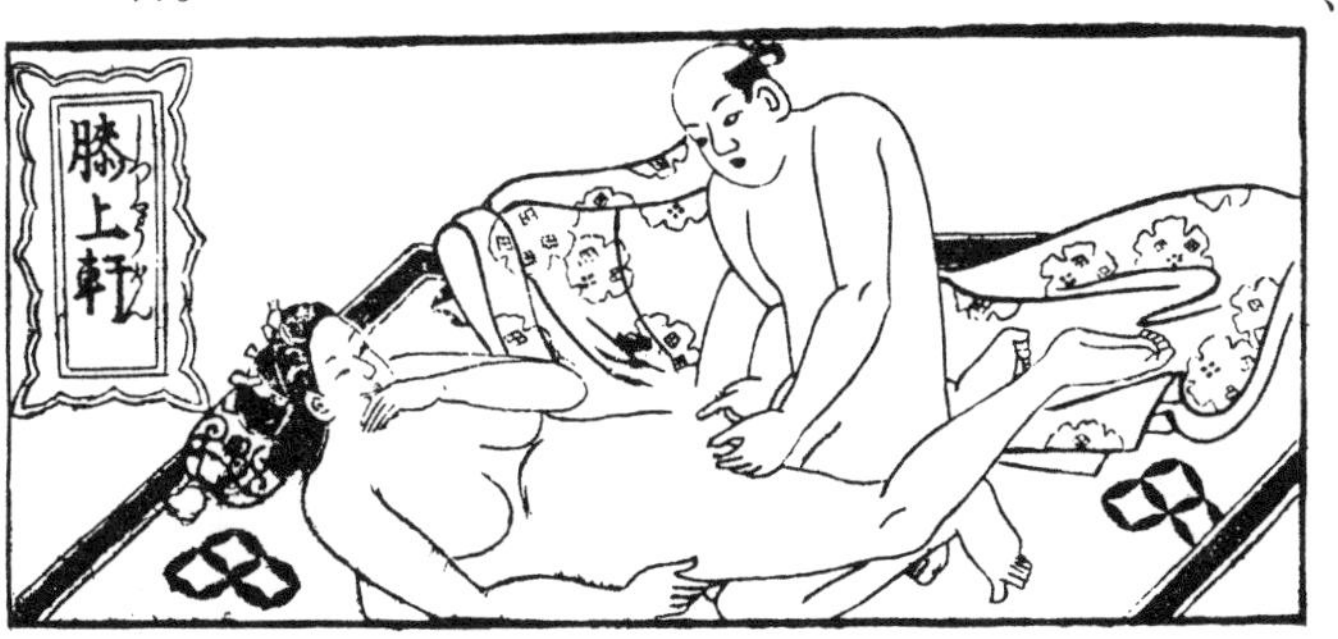

膝上軒（『好色旅枕』）

ては八〇頁参照)。この五法は、「業平五法の大事」としており、残りの八態は「業平八ケのみだれ」として、横遊軒・茶臼軒・膝足軒・首足軒・後懐軒・顔隠軒・壁立軒・似鹿軒、の名称と図解を列挙している。

さらに残りの三態は「今男陰の大事並三極秘伝」として、壁立陰・迹尻陰・似鹿陰の名を挙げ、その体位を図示している。

三、実践するには二三態で十分

江戸中期の性愛百科指南絵本は、『風流《ふうりゅう》御長枕《おんながまくら》』（宝永七—一七一〇）である。ここには「八相手合」とあって、八つの交合体位を取り上げている。この絵を見ながら、解説を読むことは、実に楽しい。ここに取り上げられた体位の名称は、幕末まで慣用される事になる。この頃には、性愛文化が庶民たちに浸透した事がわかる。その内の代表的な二三をここに引用する。

先ず、正常位の「本手取り」である。

互いに随分と打ち解けたる体《てい》、至極《しごく》旨《うま》い所、書いたり書いたり。爰《ここ》におゐて、手練《てだれ》の女は、気の行かぬ先に、はや、よい気味な鼻息荒く、顔を顰《しか》め、口吸ふ男の舌を喰《く》ひ締《し》めて男に大きに気味よがらす事あり。もしは男、長突《ながつ》きにゆるゆると遣《や》り掛《か》け、女のもがく拍子《ひょうし》に乗らず、まことに嬉しがる奴《やつ》は、男の拍子を抜くに従ひ、なをもがき強く、命の洗濯水《せんだくみず》流れ出《い》づるぞかし。愚《おろ》かなる女はよい気味な顔をして見せても、男の緩《ゆる》く突《つ》くに従ひ、腰の持ち上げやうがぬるし。此の絵の女、じつによがると見へたり。足の指の屈《かが》んだ所《ところ》、又、自《おの》づから顔が仰向《あおむ》くは、いづれも御合点《ごがてん》か。爰《ここ》で男の働《はたら》き有《あ》るべし。持ち上げたる尻を、男の腿で擦《こす》り擦《こす》り、玉門をも突くべし。内《うち》、外《そと》に攻《せ》めて見たまへ。

これは、いわゆる正常位の交合である。男がゆるゆると抜き差しを繰り返すと、快感に身を震わせて、愛液を濃厚に流す。この愛液を「命の洗濯水」と表現しているのは、素晴らしい。「愚《おろ》かなる女」とは、感度の鈍い女の意である。この絵に描かれている女は、感度良好で、快感によく反応し、足の指が内側に屈しているところ、また顔が仰向いているところは、悦楽に酔い痴れているの

八相手合（『風流御長枕』）

を具現しているのであり、それをよく感じ取ってほしい。ここから男の交合運動の巧みさを施すべきである。女が持ち上げている尻を、男の腿で丹念に擦り上げて、抜き差しを行い、それも単なる直入ではなく、膣の内側や外側を捏《こね》るように廻し突きをするのがよい、と伝授している。

次は後取《うしろど》りの「逆遊《ぎゃくゆう》」である。解説では男根の当たり具合や女の反応を詳しく探査している。

是、魚鳥の料理続いたる上に、茶漬も旨《うま》いやうなもの。真向《まむ》きにしくはなしと言へど、かやうに変《か》はった事、折節《おりふし》はよし。常《つね》のと違ふは、男の玉茎《たまぐき》が上下《うえした》に入りて、玉門の下面《したつら》を珍しく雁首《かりくび》にて擦《こす》る。どふでも抜《ぬ》け勝《が》ちな故《ゆえ》、その度《たび》に、女もだづくなりと言ふ。子宮《しきゆう》に玉茎の先が、真《ま》っ直《す》ぐに向《む》かふ故《ゆえ》、女の心《ここ》地《ち》よき事、限《かぎ》りなし。されども女、尻《しり》を男に突きつける事を恥づかしがる也。さて、女、気の行く時、力草《ちからぐさ》に取《と》り付《つ》くものなし。前に

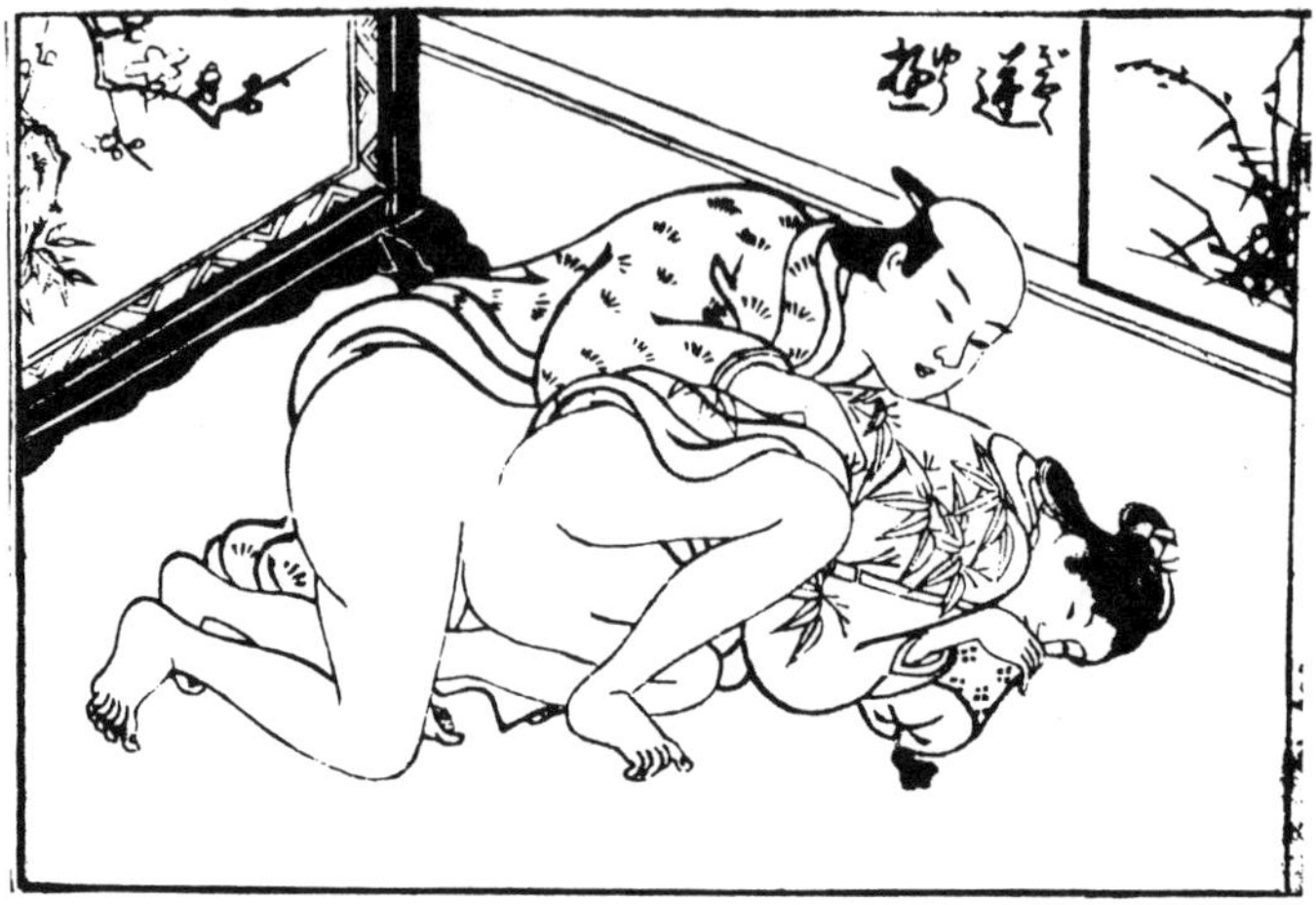

逆遊（『風流御長枕』）

抱《だか》へたる枕《まくら》に食《く》いつき、しがみ付くなり。是《これ》も女にもがかすためには、かへってよし。男、上より女の車骨《くるまぼね》と言《い》ふもの付《つ》け際《きわ》へ手を掛けて、前へ引き寄せ引き寄せするやうにして、其《そ》の拍子《ひょうし》に、静《しず》かに腰を遣《つか》ふべし。わざとならず、玉茎の外《はず》れるも、女の喜悦の種《たね》ぞかし。此《こ》の絵《え》の如く女の足を男の足にて挟《はさ》んで、締《し》めてやるべし。爰《ここ》をよく、飲み込みたる姿絵《すがたえ》ぞや。

いつもいつも同じ交合体位ではなく、たまにはこの後取りも興あるものとしている。正常位とは異なり、男根が女陰の上や下に入り、膣の下側を男根の雁首が擦るので、変わった妙味が感じられる。男根が抜けがちになるので、女の方は焦ることがある。膣内の頸管部まで、男根が真っ直ぐに入り、その先端が頸管突起を小突くために、女の感触は最高に良く、快感は際限がないほどである。しかし、女は尻を男に後ろから突きつけることを、恥ずかしく思うこともある。

女が絶頂に至ったとき、しがみ付く物が無いが、前に抱いている枕に取り付くことになる。女が忘我の境地で快感に打ち震えるには、この枕はちょうどよいのである。男は、女の車骨という腿の付け根へ手を掛けて、前に引き寄せるようにして、静かに抜き差しを行うのがよい。時たま、自然と男根が抜け外れるのも、女が喜悦する材となるものである。この絵のように、女の足を男の足に挟んで行うのである。この体位の特徴を熟知した絵である。

次は女上位の「茶臼」である。曲取りの一つとされているが、交合をし慣れた男女にとっては、別種の趣がある。

此図の如く、男の足屈《かが》めざれば、下より腰の遣《つか》はれぬもの也。女は上より腰を遣いかぬるものにて、玉門の左右方へ、擦《す》り当《あ》つるやうにばかりする也。後《のち》に潤《うるお》ひ強くしては、女も腰を遣ふ也。其時《そのとき》は、男、手を隔《へだ》てに入れて玉茎の届かぬ程に浅く突くべし。又其《そ》の手にて、女を上へ上げたり、扨《さて》は手を抜いて取って、思ひもよらず玉茎《たまぐき》を深く突き込み、腰を遣ふもよし。または、持ってにじり歩きて、その拍子《ひょうし》に自《おの》づから玉門を玉茎にて擦《こす》り廻《まわ》す故《ゆえ》に、女堪《た》へがたく、よがり声強し。耳を舐《ね》ぶってやって、こそばらかすもよし。第一、女の冷《つめ》たき尻が男の温《あたた》かなる内腿《うちもも》へ当《あ》たる故、女殊《こと》の外《ほか》「よい気味《きみ》じゃ」と言へり。いくたりに問ふても違《ちが》はず。

下になった男の足を屈むようにするのが、この体位のコツであると述べる。女は中々上から腰を遣うのが難しく、愛液で湿潤になると腰を廻し易くなる。そうしたら、男は手を女の尻下に入れて、男根を浅く突き入れるのがよい。男は、その手で

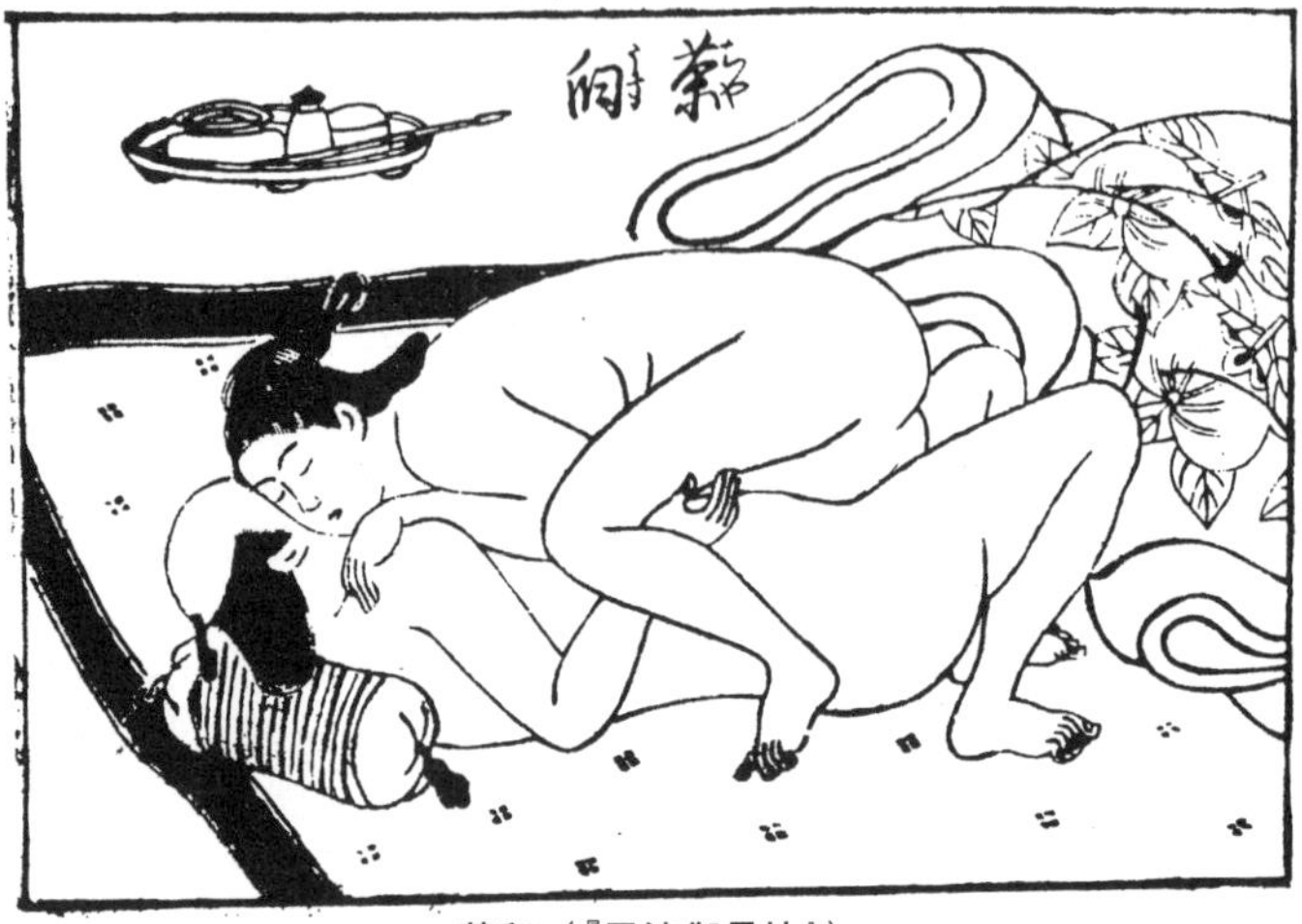

茶臼（『風流御長枕』）

女の尻を持ち上げたり、たまに手を抜き去って、女の予想外に男根を深く突き入れるのも、有効である。男は、にじり歩いて、その動作のまま女陰を擦り廻すようにすると、女はその快感に堪えかねて、嬌声を発して呻き悦ぶ。男は女の耳を舐めてくすぐり、快感を誘発するのもよい。女の冷たい尻が男の温もりのある内股へ当たるので、女は尻を温められる。そこで、どの女もこの体位では「まことに素晴らしい感じよ」と言うものである。どの女も必ずそのように言う。

　女は、常に尻が冷たいもので、茶臼では尻が温められて心地よいはずで、それを「いくたりに問ふても違《ちが》はず」と結んでいるところは、この指南者の経験の深さが偲ばれる。

　続いて女上位の座位「居茶臼」である。布団がなくても、いつでも行えるので、血気盛んな若者には好都合な体位である。女は陰核包皮も刺激されることが多いために、この体位を好む者が多い。

居茶臼（『風流御長枕』）

此の手合、前に同じ。但し、女の腰を締めて、抱き上げるやうにすべし。是はよくよく女のよい気味やら、一度行《ひとたび》ふて後は「いつぞやのやうに、抱いてして」と、好まぬ女が無くばござれ。扨《さて》、男は、女締めたり抱いたりする故、気が行きそうで行かず。大方は、空鉄砲にて仕舞《しま》ふなり。扨、折節《おりふし》は、女の両手にて男の身を絡《から》ませ、女を抱いて歩いて、女の腰を男の手にて働《はたら》かせなどして、又、下に居てもよし。立って口吸ふてもよし。とかく女のよがりやう、強し。其証拠は、金玉《きんだま》が、一絞《ひとしぼ》りになる。行《おこの》ふて御《ご》らんなさるべし。

この取り組みは、女がその素晴らしさを覚えてしまうと「いつぞやのように、抱いてしてよ」と請求するのが常である。この体位を好まぬ女があれば、当方までお知らせください、とまで解説者は、その実践の豊富さを誇っている。男は、女を締めたり抱き上げたりするので、絶頂に行くようで行かず、ほとんどが射精未了で済んでしまうことが多い。動き方にも色々な遣り方があるが、ともかく女のよがりようは素晴らしい。その証拠に、女の愛液が止めどなく流れ下り、陰嚢は愛液でびっしょりと濡れて、絞り出すことができるくらいになる。実際に行ってごらんになれば、その実態は了解されるはずであると、結んでいる。著者の体験が生きているらしい。

四、生きとし生けるもの、いずれも玉茎玉門《やりくり》に気を奪われる

『新撰古今枕大全《しんせんここんまくらたいぜん》』(宝暦期——一七六二頃)の序文には、
玉茎玉門《やりくり》は人の心をたねとして、よろずのしくじりとぞなれりける。世の中にある人、ことさら好《す》けるものなれば、心《こころ》に思ふ事を、見るもの聞くものにつけて、思ひ出せるなり。花に賞《め》づる振袖《ふりそで》、しもを侵《おか》す翁《おきな》も見かへれば、生《い》きとし生《い》けるもの、何《いずれ》か玉茎玉門を好《す》かざりける。
とあり、これは『古今和歌集』の仮名序をすっかりと真似しており、そのパロディーぶりが徹底している。内容は、男色にはまったく言及せず、男と女の交合の諸相を物語風に描いている。後半では、八つの交合体位の秘伝を述べている。参考までにその名称を挙げる。

第一　魚鱗《ぎょりん》法（正常位）
第二　鶴翼《かくよく》法（後背位）
第三　竜虎《りゅうこ》法（女上位座位）
第四　蜘手《ちしゅ》法（女伏俯）
第五　角縄《かくじょう》法（男壁背にして女上位）
第六　十字法（男上位屈曲位）
第七　車斬法（男仰向女逆上位）
第八　叶撃《きょうげき》法（女二人抱合、男その股間二女に接す）

五、仰・伏・座・立・側・臥・背後の体位は個人差がある

時代は下り、江戸後期の性愛指南書に『色道禁秘抄《しきどうきんぴしょう》』（天保五―一八三四）がある。本書は六十四回の項目に分け、色道手練の技法を漢文調の問答体で述べたものである。どんな体位を実践すればよいかも示唆されており、本文の二十三回に「女に因って仰《ぎょう》、伏《ふく》、坐《ざ》、立《りつ》、側《そく》、臥《が》、背後《はいご》の好み有る事」がある。実際に、女の好みによって、ある体位を特に好む者がいるが、これは子宮頸管部に男根の先端が当たるのを欲するからであると言う。

問《とい》て曰く、交接の時、女に因《より》て仰、伏、坐、立、側、臥、背後の好みあって、其願《そのねが》ひ通《どお》りにすれば喜悦《きえつ》甚しきは、如何なる事乎《か》。答《こたえ》て曰く、是全《これまった》く子宮位《こつぼいち》する処《ところ》、異《こと》なるに因《よ》る。何《いず》れも亀頭《かり》の子宮へ触るを以て、快楽《けらく》をなし、其内倒蓮花《そのうちちやうす》は、衆女快楽倍《しゅうじょけらくばい》すれ共、恥《はじ》て好まざるなり。是則ち、子宮、前へ傾《かたぶ》き、宮口へ亀頭触《かりのさわ》る故《ゆえ》なり。

質問は、仰向《あおむ》け、伏《ふ》せる、坐《すわ》る、立つ、横にねる、俯《うつむ》け、後《うし》ろ、という体位を、それぞれ好む女がいて、その希望通りにして行うと、絶頂をしきりに感じるが、これはどういうことか。それに答えて、女の子宮の位置の個人差に因るものであると言う。いずれも、男根の先端が、頸管部突起とぬめりぬめりと擦れ合い、その特殊な感触がまたと無い快感だからである。特に女上位の

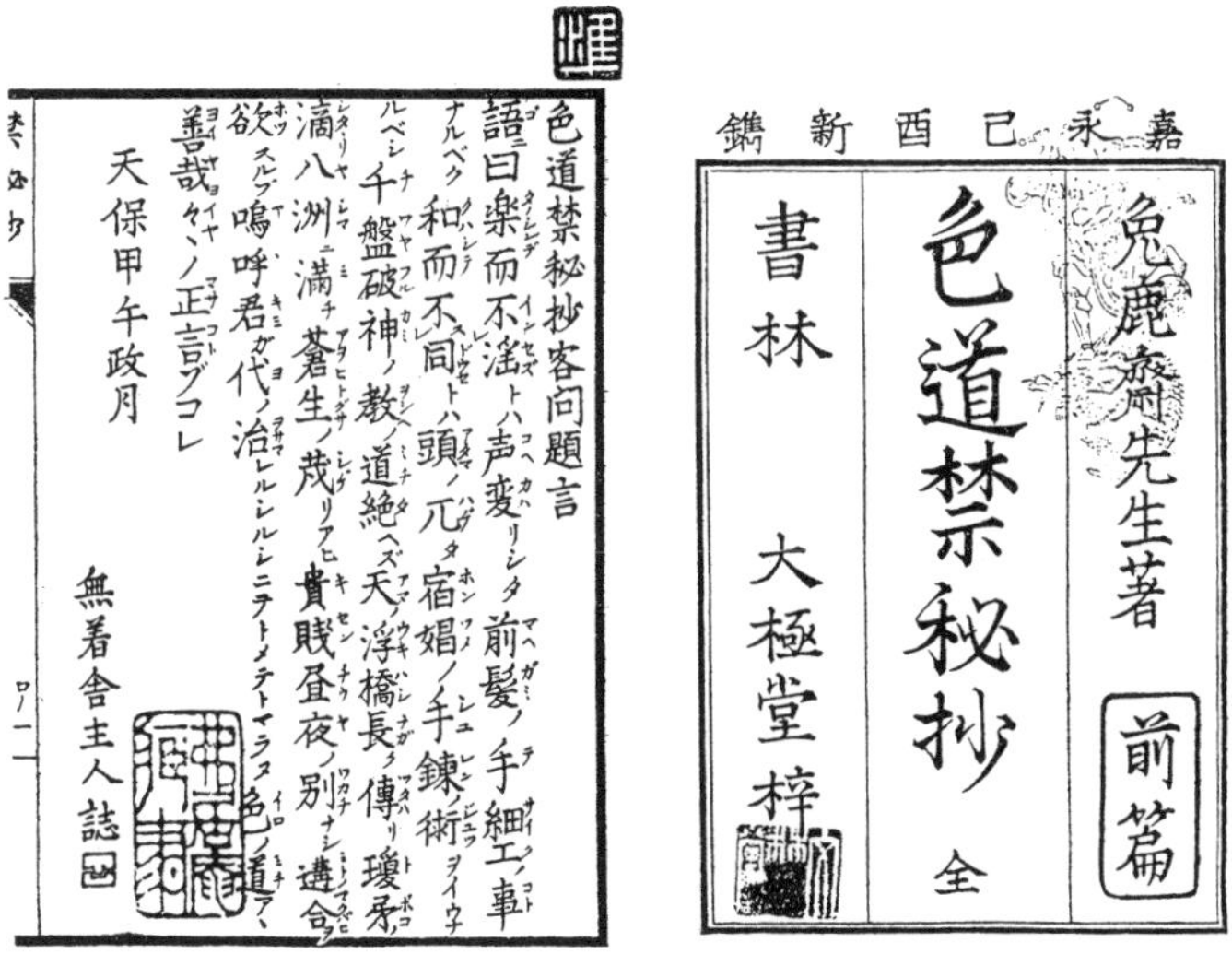
嘉永己酉新鐫
兎鹿斎先生著
前篇
色道禁秘抄
全
書林
大極堂梓

色道禁秘抄客問題言
語《ゴ》ニ曰楽而不淫《タノシンデインセズ》トハ声変《コヘカハ》リシタ前髪《マヘガミ》ノ手細工《テサイク》ノ事《コト》
ナルベク和而不同《ワシテドウセ》ズトハ頭《アタマ》ノ禿《ハゲ》タ宿娼《ホンフノ》ノ手錬《シユレン》ノ術《ジユツ》ヲイウナ
ルベシ千盤破《チワヤフル》神《カミ》ノ教《ヲシヘ》ノ道《ミチ》絶《タヘ》ズ天《アマ》ノ浮橋《ウキハシ》長《ナガ》ク傳《ツタハ》リ瓊矛《トボコ》ノ
滴《シタリ》ヤ八洲《ヤシマ》ニ満《ミ》チ蒼生《アヲヒトグサ》ノ茂《シゲ》リアヒ貴賤《キセン》昼夜《チウヤ》ノ別《ワカチ》ナシ遘合《ミトノマグハヒ》ヲ
欲《ホツ》スルブ嗚呼《アヽ》君《キミ》ガ代《ヨ》ノ治《ヲサマ》レルレルレルニテトメテトイラヌ色《イロ》ノ道《ミチ》ア、
善哉《ヨイサ》ヨイヤ〻〻ノ正言《マサコト》ブコレ
天保甲午政月
無着舎主人誌

表紙と序文『色道禁秘抄』

茶臼型は、ほとんどの女が、その感触を得られるので快美感を感受する。しかし、自分の裸身があらわになるために、恥じらいの心が優位で、この体位を好まない傾向にある。

　ここでは、子宮膣部への触感が、女の快感にとっていかに重要であるかを説いている。交合における最も大事な要因なのである。

　さらに、睾丸が会陰をリズミカルに叩く快感を述べている箇所があるので、引用する。これは、俗に「金叩《きんたた》き」と称されるが、交合の時に睾丸が女の会陰部にぶつかるのは、女の性感を増幅させると言う。本文の二十四回「交接の時睾丸の触《さわ》るを悦ぶの説」である。

　問に曰く、世俗、交接の時、睾丸《きんたま》の触《さわ》るを悦ぶといふは、誠なりや。答《こたえ》て曰く、諺に小茎の千接《せんこすり》より大睾丸の一《ひ》と打《うち》といふは、妙論なり。女仰臥《あおふせ》にし両足天《そら》に朝《ちよう》し、陰肉勃起《いんにくぼつき》し、会《え》陰《いん》上に向く時、茎の出入りに連なって、ぼうとぼうとと睾丸にて会陰を打たんに、按摩《あんま》せらるる心地にて、早く快路《よきみち》に趣《おもむ》かん。余、昔、按摩兼帯《けんたい》と称《となえ》る娼婦《おやま》に交《まじわ》りたるが、腹の上に乗りて、交接の時、両手を男の腰へ廻し、八髎穴辺を頻《しきり》に撫《な》で摩《こす》りする故、快楽《けらく》十分なりし事あり。睾丸の触りと同道《おなじみち》ならん。

　小さな男根で千回抜き差しするよりも、大睾丸で一打ちするほうが勝っているというのは、確かにその通りである。女を仰向けにさせ両足を上に高々と上げさせ、女陰が張り脹れて、女の会陰が真上に位置した時に、男根の抜き差しにつれて、男の陰嚢が会陰にリズミカルに打ち当たるのは、そこに特異な刺激を与えることになり、快美感が増進されるものである。

　体位の様子から見ると、これは屈曲位である。女は両足を中天に上げてもよいが、疲れ易いの

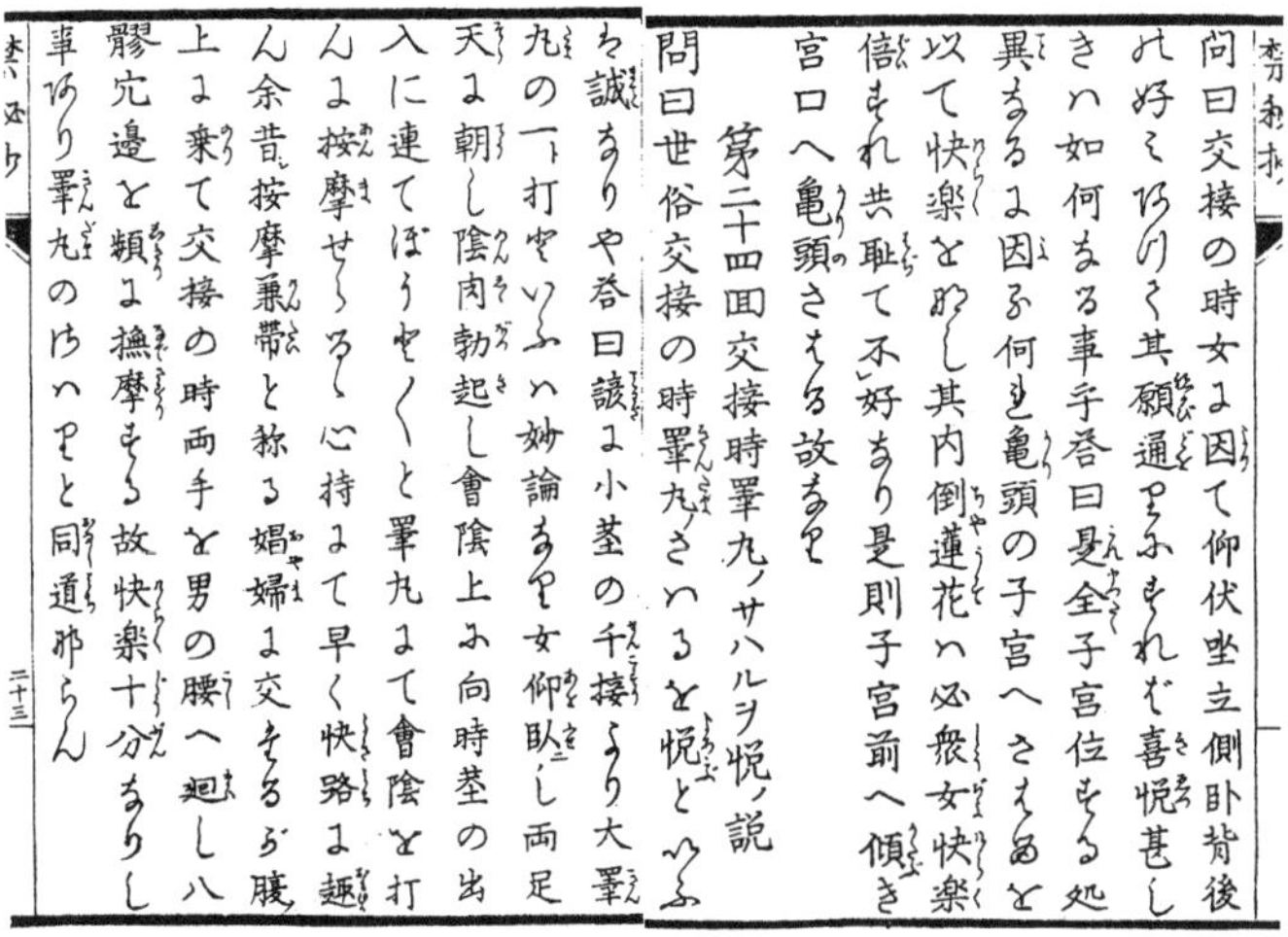
問曰交接の時女に因《よ》て仰伏坐立側臥背後
れ好ミはりく其願《ねがひ》通りにもれば喜悦《きえつ》甚し
きは如何なる事乎答曰是全子宮位をする処
異なるに因《よ》て何も亀頭の子宮へさはるを
以て快楽《くわいらく》をなし其内倒蓮花は必衆女快楽
信ずれ共恥《はぢ》て不好なり是則子宮前へ傾き
宮口へ亀頭さはる故なり

第二十四回交接時睾丸ノサハルヲ悦ノ説

問曰世俗交接の時睾丸のさはるを悦《よろこぶ》といふ
は誠《まこと》なりや答曰譲に小茎の手接より大睾
丸の一ト打ではいふは妙論なれど女仰臥し両足
天に朝し陰肉勃起《ぼつき》し會陰上に向時茎の出
入に連てぽうぺくと睾丸にて會陰を打
んに按摩《あんま》せらるゝ心持にて早く快路に趣
ん余昔按摩兼帯と称る娼婦に交するに腹
上に乗て交接の時両手を男の腰へ廻し八
髎穴邊を頻に撫摩する故快楽《くわいらく》十分なりし
事あり睾丸のはへるも同道ならん

仰伏坐立側臥背後・睾丸さはるを悦の説（『色道禁秘抄』）

で、男の両肩に両足を掛ける形になる。会陰は、空割の後交連から肛門までの部位である。ここは鎖状の皮膚が連なっており、俗に「蟻の戸渡り」と称される。性感も敏感なところであるから、ここを行為中に適宜圧迫されるのは、快感として感得される。

著者は言う、私も、按摩も同時にするという娼婦と交渉したことがあったが、女は腹の上に乗って、両手で腰から尻へかけての灸点を頻繁に撫で摩るので、最高の絶快を味わったことがある。これは「金叩き」と同じような効果なのであろう。

第七章　世界に冠たる色道の奥義

一、版を重ねた隠れたベストセラーの性愛百科全書

江戸時代が後世に残した色道畢生《ひっせい》の大著は、『閨中紀聞《けいちゅうきぶん》　枕文庫《まくらぶんこ》』（初編、文政五―一八二二）である。上方の往古の指南書や中国からの性書なども参考にして、これまでに類の無い挿絵を含め、まことに世界に冠たる、江戸の性愛文化を凝縮している。

『枕文庫』は、当時の庶民たちのド肝を抜き、大当たりとなり、隠れた大ベストセラーとなった。伝本は、版を継ぎ、板を重ねているので、どれが原本であるか、また何編までの刊行なのか、現代では探索が不可能なほどである。そこでこの本を特別に一章設けて紹介する。

先ず、初編の凡例を引用する。そこには、著者の脈々とした意気込みが汲み取れる。

此草紙《このそうし》は、男女《なんにょ》の面相《めんそう》にて、陰門玉茎《ぼぼまら》の美悪《よしあし》を知る事、生質《うまれつき》にて淫《いん》に耽《ふけ》ると耽らざるを見《み》極《きわ》め知る事、男根女陰《なんこんじょいん》の異形《いぎょう》あるを、上中下品《じょうちゅうげぼん》と委《くわし》くして画図《がと》の傍《かたわら》に、諸々《もろもろ》の書を引き、発明せしむる弁、女喜悦《おんなきえつ》の具《ぐ》数《す》品用《ひんもち》ひかた、善悪《ぜんあく》までを画上《がじょう》にしるし、且交合《かつこうごう》の道《みち》に秘法《ひほう》あることを述《のぶ》るに、明清《みんしん》の人の著《あらわ》すところの書を、其《その》まま国字《ひらがな》をもて解《とき》わけ、もっぱら淫事《いんじ》の奥義《おうぎ》をうかがひ書記《かきしる》し、交合虚弱《きょじゃく》の人強淫《ごういん》になる事、男女色情《なんにょしきじょう》の心を探《さぐ》る伝、新開《あらばち》を広くし

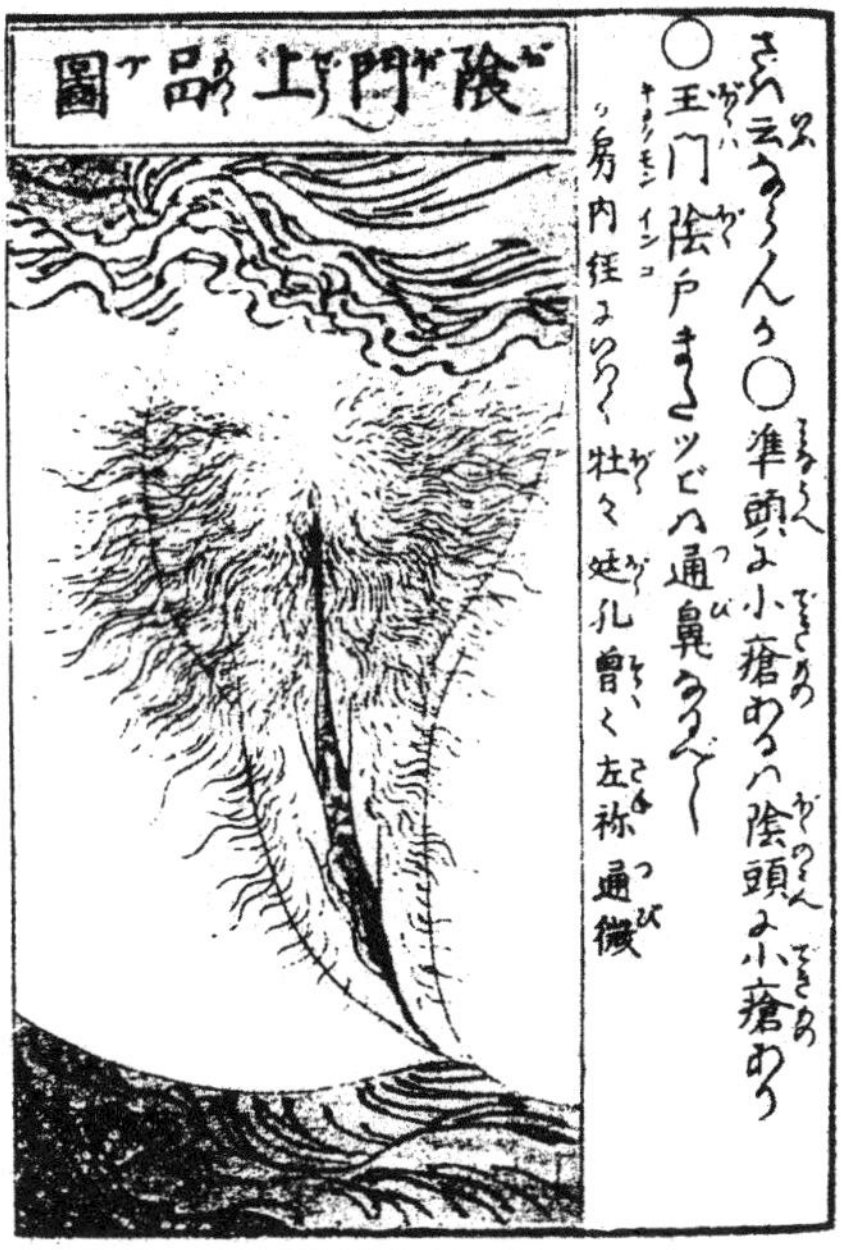

陰門上品の図

（『閨中紀聞　枕文庫』）

古開《ふるぼぼ》を縮《ちぢむ》る法、総《すべ》て阿蘭陀《おらんだ》中華《もろこし》の喜悦《きえつ》の丸《がん》、散丹円《さんたんえん》の薬法数多《あまた》をしるし出《いだ》す。（略）尚《なお》、奇《き》品珍説等《ひんちんせつとう》は篇《へん》を続《つぎ》、又足《またた》らざるを補《おぎな》ひ誤《あやま》りを正《ただ》すべし。艶色《えんしょく》の一道此巻中《どうこのかんちゅう》に尽《つき》せり。

さて、いかがであろうか。「艶色《えんしょく》の一道此巻中《どうこのかんちゅう》に尽《つき》せり」と末尾で述べ、色道の全てが巻中に凝縮されていると自負している。著者の自負に見合うように、本書の内容は壮大緻密で、しかも意表を衝く絵図も多くあり、中でも「子《こ》宮開《つぼひら》けて玉茎《まら》の頭を吸こむの図」［初編］（一一七頁参照）、「陰門《ぼぼ》の内《うち》の膜《ししあいはら》 腹を向ふに見る状《かたち》」［二編］（一二三頁参照）、「子を孕むとはらまざるとの秘伝の図。併に五臓六腑の胎内の次第」［三編］などは、類書には無い壮絶さである。

二、陰門の伝

最初に、「陰門《ぼぼ》の伝《でん》」と題した女陰の説明を眺めてみよう。要所のみを引用する。

口《くち》と闕盆骨《けつぼんこつ》のあいだと淫門《ぼぼ》とつりあふ。胃経《いけい》の脈《みやく》、この三ケ所流注《りゅうちゅう》す。よって明白《あきらか》なり。口の広きは陰門《いんもん》ひろし。唇赤きは淫門《ぼぼ》赤し。頬骨《ほほぼね》常に紫《むらさ》き色なるは、淫門《ぼぼ》究めて臭気《くさみ》あり。財帛肉《さいはくにく》なくして高く、剣《つるぎ》のむねの如く、また結喉《けつこう》あるは、必《かなら》ずさね長し。頬薄《ほほうす》くして肉《にく》無く尖《とがり》たるは、横骨高《よこほねたか》し。生《は》え下《さ》がり濃く長く、髪の毛濃きは、淫毛葉草《ぼぼのけはぐさ》の如くありて、甚賤《はなはだいや》しとぞ。淫門毛《ぼぼけ》少なきものは、生え下がり少なく髪毛薄し。生え下がり無きは、淫門《ぼぼ》に毛無

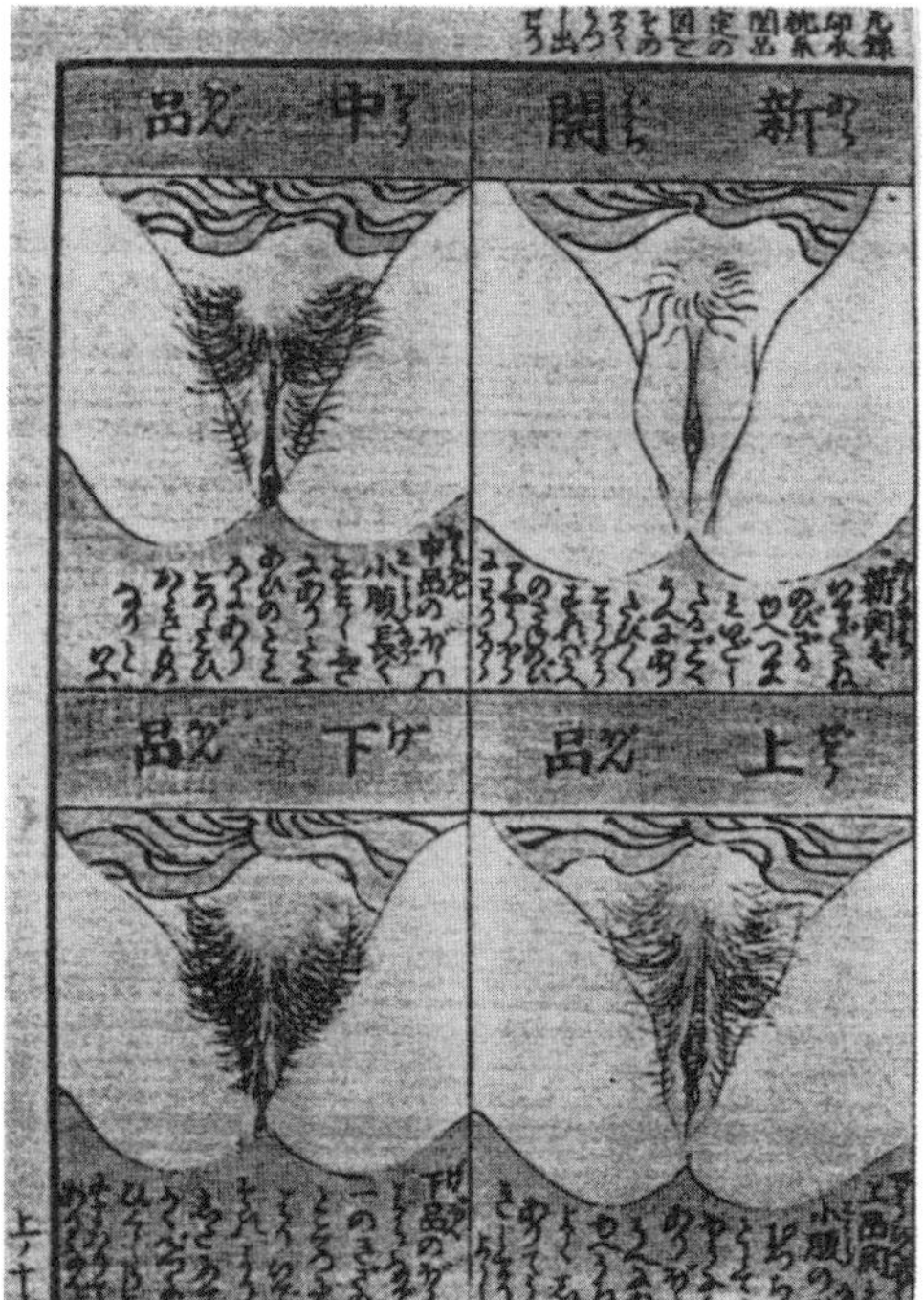

新開・上品・中品・下品

（『閨中紀聞　枕文庫』）

し、子少なく賤しとぞ。玉門《ぼぼ》は温《あたたか》に深きを妙《よし》とす。精気《せいき》あつく能《よく》子を生ず長命なり。浅く冷たきは、これに反《はん》す。

これは、女陰を判定するための女の外観の相を述べている。「闕盆骨《けつぼんこつ》」は、喉の下の胸の上に半環状をなしている骨で、口からここまでの様相は女陰と相関すると言う。「財帛《さいはく》」は不明。「結《けっ》喉《こう》」は喉仏である。女陰の広いとか狭いとか、赤いとか臭いとか、また、陰核が長い、横骨（陰阜）がむっちりしている、性毛が濃いとか薄いとか、外観からかくも捉えることが出来たら、さぞ結構なことであろう。続けて、

髪毛縮《かみのけちぢ》むものは、多淫《たいん》にして孤貧《こひん》なり。濃《こ》き髪《かみのけ》は淫乱《いんらん》なり。乳房大きく黒きは、腎気《じんき》強く子多くあり。長き毛あるものは、精気《せいき》厚《あつ》し。足大きなるは、野賤《いやしく》淫乱なり。眼《め》、黒白分明《くろしろぶんみよう》、水をもって洗ふが如きものは、淫 相《いんらんそう》なり。睛中《めのうち》、濁気《だくき》あるものは、淫乱なり。臥《ふ》して泪《なみだ》流るる者は、腎薄《じんうす》き相なり。

其儘《そのまま》といふ書に曰《いわ》く、よがる女は、色白く二かは目。肉付き中に眼《め》もとしほらしきは、声を挙《あ》げてよがると見るべし。

食《くわ》へて引き込む女は、色中《いろちゆう》にして、髪長《かみなが》く縮《ちぢ》み、眼《め》まろく小さく、背中《せちゆう》なるは、食はへて引くと知るべし。

とある。当時、よく知られていた通言に、「縮み髪の女は味が良い」というのがある。「縮れ髪げびた所に惚れられる／天六815」「入れ物の大極上は縮れ髪／七六26」などと、川柳にも詠まれている。男たちは、女の眼、髪、肉付き、足、背の高さ等、様々に凝視して、自己流のあらぬ

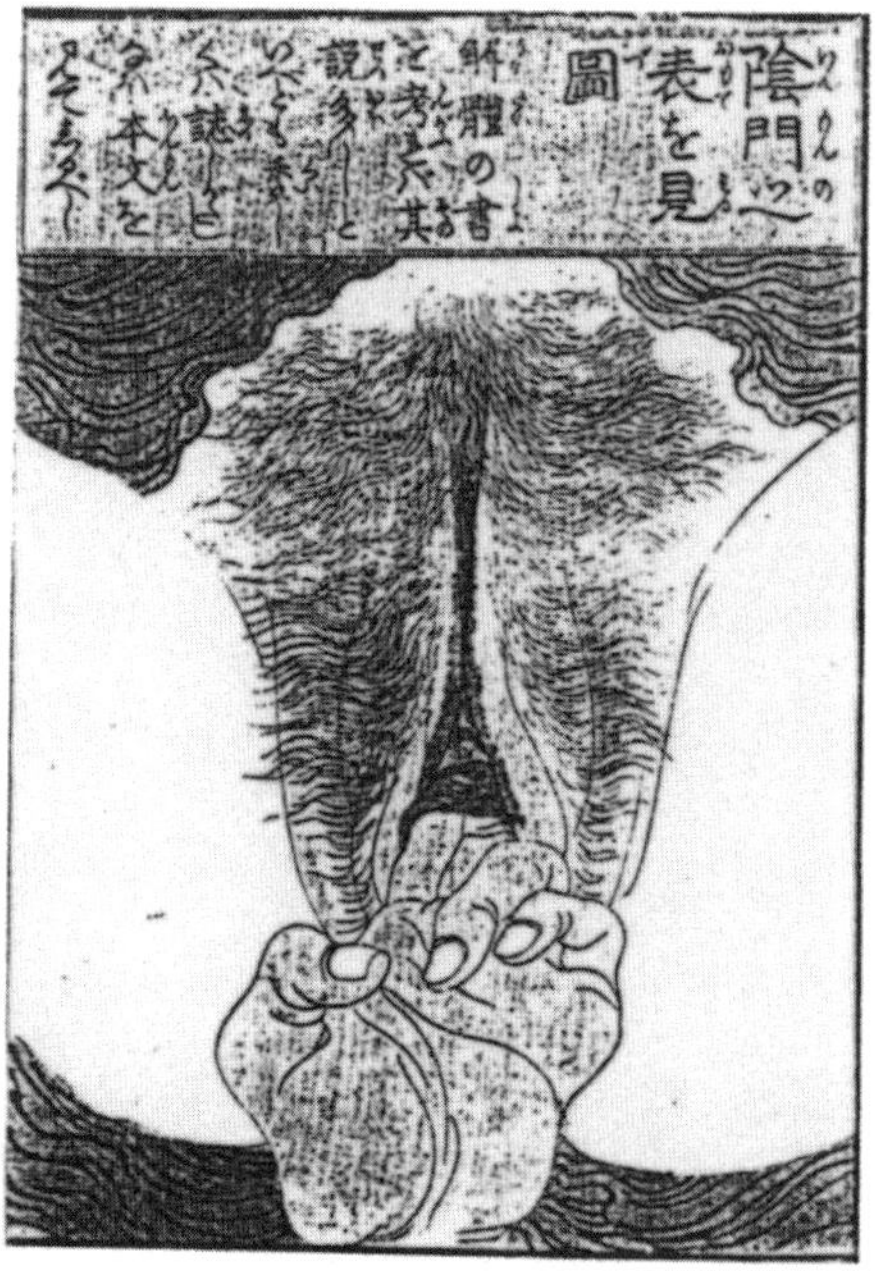

陰門之表を見る図

（『閨中紀聞　枕文庫』）

上味の女

（『閨中紀聞　枕文庫』）

空想をほしいままにしていたことが分かる。

三、交合の秘術を詳しく説き分けて、つまびらかに記す

色々な項目に分けて、実技の詳細を述べている箇所である。「量度情訣《りょうどじょうけつ》」「戯弄真情《ぎろうしんじょう》」「男察四至《なんさつしし》」「女詳八到《じょしょうはっとう》」「六合取勝《ろくごうしゅしょう》」「三峯採戦《さんぽうさいせん》」「採戦大和《さいせんたいか》」「子午流通《しごりゅうつう》」「黄河逆流《こうがげきりゅう》」「鼻塞結実《びそくけつじつ》」「撒手過関《さんしゅかかん》」「調経種子《ちょうけいしゅし》」というタイトルが付けられ、それぞれについて秘術が述べられている。そのうち、二三を引用する。

戯弄真情《ぎろうしんじょう》。凡《およ》そ和合《わごう》の法は、男女ゆるゆると帯を解き、女を抱きかかへ肌を合はせ、玉門《ぼぼ》に向かふべし。先づ口を吸い乳を探《さぐ》り戯《たわむ》れ、女の手をもって玉茎《まら》を握《にぎ》らせ、男は女の毛際《けきわ》より撫《な》で下《お》ろし、さねがしらを探り指にて、そろそろ弄《いら》ふべし。女の気、あじになり、淫水《いんすい》ぬらぬら滑《なめ》らかになるに従《したが》ひ、鼻息荒く身うち熱く、早く入れたがる様子を伺《うかが》ひ、静かに心を鎮《しず》めて行ひ掛《か》かるべし。気、行きさうになる時は、外《や》へ気を移し、女のよくなるを待つべし。長く交合せざれば、女は喜悦《きえつ》せぬものなり。女は気を遣ること遅《おそ》きものと心得《こころう》べし。長く行ふときは、たとへ遊女たりとも堪《こら》へかねて、美快《こころよき》を極《きわむ》るものなり。

男は真心を持って、女体を丁寧に急がずに撫で摩り、陰核をそろそろと柔和に弄するのがよい

腹中を看之図

子宮開けて玉茎の頭を吸こむの図

（『閨中紀聞　枕文庫』）

と言う。本技においても、男は女の様子をよく伺いながら、自分が行きそうになったら、気を逸らして、長く長く保つことが大事である。「長く交合せざれば、女は喜悦《きえつ》せぬものなり」というのが、秘伝であり、男は女よりも先に射精しないように務めるのがよいとしている。これはさしたる新説でも無く、目新しさは感じられない。次は、いわゆる「三所責《みところぜ》め」である。

三峯採戦。三峯《さんぽう》とは、口と鼻の尖《さき》を上峯《じょうほう》とし、左右の乳を中峯《ちゅうほう》とし、陰戸《ぼぼ》を下峯と云て、女の身体三《み》ところ言ふなり。先づ始めんと思はば、戯《たわむ》れに少しおかしき噺《はなし》などして、乳を捻《ひ》ねりなどして、そろそろ股へ手を入れ、気の動くやうになる折りに、掛かるべし。上は口を吸て女の清気《せいき》を取り、顔を合はせて鼻息を受ける。是を上峯《じょうほう》と言ふ。口を吸ひながら、乳を捻《ひ》ねり摩《さす》り唾《つば》を飲めば、女の精気《せいき》を採《と》る故に薬となり、下は玉茎《まら》を少し入れて淫水潤《いんすいうる》ひ、女の気動《うご》くやうになるときは、惣身《そうみ》熱《あつ》く玉門《ぼぼ》潤《うるお》ふて子宮《こつぼ》開くなり。とっくりと玉茎《まら》を嵌《は》め、ゆるゆると九浅一深《くせんいっしん》の法をもって行へば、女の気どんどん淫中《いんちゅう》に寄《よ》って、玉門《ぼぼ》脹《ふく》れ淫水溢《いんすいあふ》る。そのとき、ぐっと深く入れるべし。女を堅く抱きしめ、女に気を遣《や》らせるまでは、目を塞《ふさ》ぎ、鼻息を留《とど》め、堅く締めつけ、女十分に気を遣りてのち、男そこで気を遣れば、おのづから陰気を取る也。

これは、口を吸い、乳房を揉み摩り、同時に男根の抜き差しを九浅一深させる法であり、巧みに行えば、女を絶頂へ導くことができる。ここでも、女のアクメを誘発させてから、その後、男が射精することを推奨している。

四、調経種子《ちようけいしゆし》

次の項目は、月経に詳細に言及している点で、これまでの色道指南書には無い特異な記述である。

調経種子《ちようけいしゆし》。凡《およ》そ、婦人経水《けいすい》をみること、女により三日ほどにて仕《し》まふあり。四日五日かかるもあり。七日を限《かぎ》りとす。月々《つきづき》の悪血《あつけつ》出《いず》るなり。其《その》悪血出《い》で終《お》はりて後《のち》は、あと清々《せいせい》となる。子《こ》の留《とま》るは、此時《このとき》なり。濁気《だつき》のある所へは、男の淫水《いんすい》交《まじ》はるとも、子とならず。清き所ならねば懐胎《かいたい》せぬものなり。其月経《そのげつけい》七日を過ぎ、八日めより交合《こうごう》なせば、子宮《こつぼ》開《ひら》きて居《い》る故、きっと孕《はら》むもの也。一三五日（半の日也）とまれば男を種《はら》む。四六日（丁の日）は女をはらむなり。

原来《もとより》、交合は慰《なぐさ》みにあらず。子を拵《こしら》へるためなれば、法を正しく行ふべし。月水中《つきやくのうち》には、女の口の廻《まわ》り黄色《きいろ》なるものなり。経水後《けいすいのち》五日の内は、赤黄色《あかきいろ》のもの下る。是、濁血《だつけつ》にあらず。陰中《ぼぼのうち》、火の如く熱するを陽海《ようかい》と言ふ。この時行へば、決してはらむ也。月水中《つきやくのうち》、凡そ七日とみて、其後《そののち》五日の間は、孕むと思ふべし。六日たてば、赤黄水《あかきいろのみず》絶《た》えて子宮《こつぼ》塞《ふさ》がる故《ゆえ》、子留まることなし。

さて、現代の性医学と較べて、いかがであろうか。排卵の周期については、大正十三年（一九二四）に発表された荻野久作博士の学説が、現代に通用している。それによれば、女の排卵は月経周期の長短に関係なく、次期月経前の十二日〜十六日の間に起こるとされている。この学説によって、避妊の時期を選ぶのを「荻野式避妊法」と呼んでいる。また、婦人体温計によって、排卵の日を知ることも行われ、現代にそれが多用されている。

本記述では、次のように言う。月経は、個人差により三日で終わるのもあるし、四五日の場合もあるが、概ね七日が限度である。月々の悪血が出るのであるが、七日で終わった翌日の八日目から妊娠する時期になる。奇数日に受胎すれば男児、偶数日には女児である。

月経中の女は、口の周りが黄色っぽくなるものである。月経が終わっても五日間ぐらいは、赤黄色のものが下るが、これは悪血ではなく、陽海という時期である。そして、月経七日間が終了したら、その後の五日間は妊娠する時期である。六日後には赤黄色の水も絶えるが、これは子宮が塞がるためであり、この時はもう妊娠することはないのである。

さて、この説が正しいかどうかは、詳らかでは無い。月経周期の長短によって、個人的に異なるからである。しかし、このような説を述べられただけ、性科学的な知識があったということになる。それにしても、「月水中《つきやくのうち》には、女の口の廻《まわ》り黄色《きいろ》なるものなり」とは、よくぞ観察したものだと感心させられる。

五、陰器《ぼぼ》四十八皺《ひだ》の説《せつ》

『枕文庫』二編（文政六―一八二三）は、初編に次いでその翌年に出版されている。その中で注目に価するのは、女陰に関する解剖学的な記述である。タイトルは、「陰器《ぼぼ》四十八皺《ひだ》の説《せつ》」であるが、江戸の中期頃から、女陰は四十八襞と俗称されている。それを踏まえて論述し、処女膜にまで言及した希有な部分もある。

陰門《ぼぼ》の品類《ひんるい》を上中下の美賞を付けて異なりといふめり。しかれども、其膜《そのにくあい》によりて陽茎《へのこ》を〆《しめ》るものを美品《びかい》と称す。世の人、俗に玉門《ぼぼ》に四十八襞有りと言ふ諺《ことわざ》にもとづき、陰門《ぼぼ》の中《うち》を委《くわ》しく図《ず》して以《もつ》て談資《はなしのたね》に備《そな》ふる。

凡《およ》そ、処女《むすめ》と年増《としま》と其陰異《そのぼぼこと》なり。陰門《ぼぼ》は、婦人二十三四より三十四五歳までを、交合《とぼ》盛《しさか》りの本味《ほんあじ》と言耳《いうのみ》。幼少女《いとけなき》の新開《あらばち》を好む者有りといへども、不熟木《じゆくせざるこ》の実《み》を喰《くら》ふごとく、熟《うま》ざれば甘《あま》からず。陰戸《ぼぼ》もまたかくのごとし。額《ひたい》に皺《しわ》を寄せ「痛《いた》い痛い」と乗り出す頃は、其味《そのあじ》を知るに足《た》らず。婦人もまた思ひ同じく然《しかり》といへども、春情発動《いろけづき》たる娘は、交合の道に不構《かまわず》、只《ただ》ぼぼへまら差し入れてもらへば、良いものと思ふのみなるが多し。

先ず、性交渉における女陰についての序論である。「陰門《ぼぼ》の中《うち》を委《くわ》しく図《ず》して以《もつ》て談資《はなしのたね》に備《そな》ふる」とあって、この前頁には「陰門之表《いんもんのおもて》を見る図」（一一五頁参照）「陰門《ぼぼ》の内の膜《ししあい》腹《はら》を向ふに見る状《かたち》」という詳細な図があり、後者は膣に差し込まれた男の二本指を腹中から描いた驚異的な図柄である。これは前例には無い画期的な解剖図で、男の創造力の素晴らしさを具現している。

そして、女の「二十三四より三十四五歳までを、交合《とぼ》盛《しさか》りの本味《ほんあじ》と言《いう》」と断じ、未通女についての蘊蓄を述べている。続いて、

娘の陰門《ぼぼ》は、かならず膜《にくあい》子宮《こつぼ》に覆《おお》ひて隔《へだ》つるもの有り。其状《そのかたち》さだまらず。陰門《ぼぼ》より子宮《こつぼ》に至り、亦《また》は隔《へだ》てて垣《かき》をなす、或は輪《わ》を為《な》し、或は片月《へんげつ》の状《かたち》をなす。然《しか》れども、交合《とぼす》にしたがって其膜《そのししあい》、皆破《みなやぶれ》裂《つんざ》きて、片《かた》より子宮に鈴口《すずぐち》を至らしむことをなすといへども、其生《そのうま》れによりて、薄《うす》き皮《かわ》有って玉茎《へのこ》の不納《おさまらざる》もの有り。是は医者皮《かわ》を破《やぶ》るの具《ぐ》有って、是を療治すれば、淫道通《いんどうつう》ず。其子宮《そのこつぼ》を隔《へだ》つる膜《にくあい》をば、紅毛人《おらんだじん》は米楼都《みると》の皺《しわ》に似たるものより生ずと、解体《かいたい》の書《しょ》にしるせり。

とあり、その研鑽ぶりに感嘆させられる。現代では、処女膜は膜では無く、膣壁が隆起した粘膜性の皺襞であることが知られている。その形状を「或は輪《わ》を為《な》し、或は片月《へんげつ》の状《かたち》をなす」と述べているのは驚きで、観察の蓄積なのか、洋書からの知識なのかは不明であるが、概して正確である。現代では、その形状は、①輪状、②半月状、③唇状、④剪糸《せんし》状、⑤中隔《ちゆうかく》状、⑥篩《ふるい》状（『りんが・よに』高橋鉄。昭和三十。による）などと分類されており、ほとんどこれに近い記述である。これが異常に硬い場合には、外科的に切開するということにまで言及している。恐らく解体新書などからの知識であろう。「米楼都《みると》」は、オランダの植物名であるらしい。次に、年増の女

陰門の内の膜腹を向ふに見る状

（『閨中紀聞　枕文庫』）

陰である。それには、

　年増の陰門《ぼぼ》は、其皮破《そのかわやぶ》れて、鶏《にわとり》の頭《とさか》の如《ごと》くなるもの、左右に多く蠢《うごめ》く如くに、玉茎《へのこ》を絡《から》み、子宮《こつぼ》自《おのず》と開きて亀頭《かりくび》を吸《すい》込む故《ゆえ》に、蛸《たこ》と称し巾着《きんちゃく》と唱《とな》ふ。然《しか》りといへども、交接《とぼし》の手練《しゅれん》によるのみ。其《その》もてなし上手《じょうず》なれば、下開《わかいぼぼ》も美快覚《こころよくおぼ》ゆること有るべし。

とある。処女膜と小陰唇とを混同しているようであるが、ここで言う「鶏《にわとり》の頭《とさか》の如《ごと》くなるもの、左右に多く蠢《うごめ》く如くに」とは、膣前庭の周囲を囲んでいる小陰唇のように思える。これが男根に「絡む」と言うのは、目視した結果では無くて、自分の挿入時の感触からの想像のようである。この後、記述は子宮に及んでいる。それは薄肉に覆われた丸い玉子のようなものであり、膀胱と直腸の間に位置していると述べる。最後に、

　如斯《かくのごとく》なれば、陰門《ぼぼ》に定めて四十八皺《ひだ》の有ることなし。図を見て、くわしく陰器《ぼぼ》の膜《にくあい》を見るべし。

と結んでいる。俗間に言われている「四十八襞」説を否定し、ここに、図示された見取図を研究資料とせよと述べられており、ここに、本書の近代性を窺うことができよう。

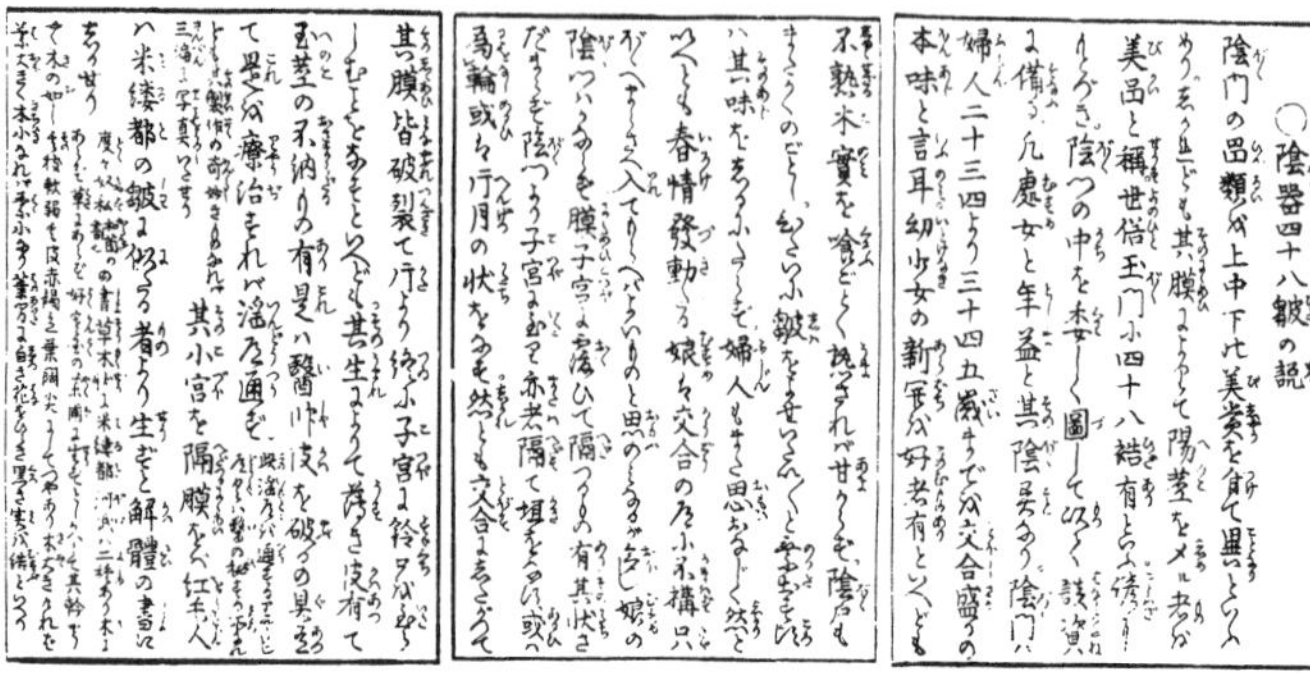

陰器四十八皺の説（『閨中紀聞　枕文庫』）

第八章　夜這の法と目視の法

一、夜這《よばい》幷《ならび》に寝開交方《ねぼぼをするほう》

江戸幕末の性愛指南書『男女狂訓《だんじょきょうくん》　華《はな》のあり香《か》』（元治元―一八六四）の内容は、性技の万華鏡のようである。あらゆる階層の女との交合の仕様が捉えられ、様々な交合作法が網羅されている。その中で、興味深い実用的な技法を紹介する。

まず、「夜這《よばい》と寝開《ねぼぼ》」である。女の寝所に忍び入り、交合を完遂するのが夜這いであり、寝込んでいる女に有無を言わさずに交合をするのが、寝開《ねぼぼ》である。その作法を具体的に述べる。

今、夜這《よばい》の極秘《ひみつ》を考へるに、いづれに着物を着て行かねば、万一《もし》体を隠すに弁利《たより》となり、帯《おび》は先に解《と》きて端《はし》よりくるくると巻き、さらば行かんと思ふ時、敷居《しきい》の上又は板の間など、ギクギクと地敷《ちじき》の音のする所へ、帯の端を持《もち》て、巻《まき》たるままにて、そっと向《むこう》へ転《ころ》がすれば、帯は敷き延ばしたる如くなる上を、足を爪立《つまだ》て行けば、少しも外へ響かず、人に知れずして、目指す閨《ねどころ》へ行くなり。

偖《さて》、女の寝間《ねま》へ行きながら、裾《すそ》より首を伸ばして、女の寝入りしをよく考へ、そっと寝所へ入り、体に触はらぬやう傍《そば》へうつむけ、腹這《はらばい》て息《いき》を考へ、偖《さて》、女うつむきに寝ていれば、そっと足の踵《きびす》を持て、其ままじりじりと足を開くやうにすれば、うつつながら身を悶《もが》く時に、男の膝を女横腹《よこはら》に当てがい、少し力を入れて片足を後《うしろ》へ引けば、そのまま横になること妙《みょう》なり。（中略）そっとあしらへば、女はうつつ故《ゆえ》するままになりて、終《つい》には伸《の》びするか、ウンと言ふて、体のしんどきにつれて、寝返《ねかえ》りするまま、心よきに股を開きて足を延ばすは、十に八九人は違《たが》ふことなし。（中略）

偖《さて》、股を開き上向《あおむき》にさせたる時、布団《ふとん》をそっと下へづらせて、乳《ちち》より上を出《いだ》させをき、又布団の裾《すそ》も女の体に触《さわ》らぬやう上《うえ》に乗り掛かり、唾《つば》を手の平《ひら》に流るるほど付けおき、爰《ここ》が開《ぼぼ》といふ所にて、上よりどろりと穴の廻りに塗り付け、次に茎《まら》の亀頭《さき》より根元《ねもと》までも、流るるまで塗《ぬすく》り付くべし。（中略）さてそれより、我が手に茎《まら》持ち添へながら、開《ぼぼ》の穴を探《さぐ》り、その図《ず》に当てがい、さらばよしと思ふ時、一目散《いちもくさん》に奥深く、何かなしに入るだけ押し込み、グイグイグイと腰を遣《つか》へば、此時《このとき》、女は心づき、驚くままに目を覚《さ》まさば、我が足にて女の足を絡《から》み付け、両手を首筋と尻へ廻し、力《ちから》に任《まか》して抱《いだ》き締《し》め、茎《まら》の外《はず》れぬやう滅多《めった》腰《ごし》を高く遣《つか》ひ続けば、いかほど嫌《いや》がる女にても、斯《こう》なるときは土《ど》居《きょ》を据《す》へ、大声上げることもならず、又人に聞かせてはいよいよ我が身が恥づかしく思ふにつけて、身をもがけど、ますます茎《まら》は奥へ這入《はい》り、かれこれするうち抜き差し激しく擦《こす》り立《たて》たる雁先《かりさき》にて、開《ぼぼ》の中へはや気が寄り、「アレアレ、そんなことをしては」と言いながら、鼻息忙《せわ》しくなるべし。

此時をはづさず、口を吸ひ寄せ、なをも奥深くグイグイと、上下左右をかけて突き廻せば、いつしか芯からの気が乗りてよがり出し、気を遣らせるは妙なり。しかし、女の年頃、十五六か、又は新開ならば行ひ難し。

夜這いなどということは、現代の若者には通用しないであろう。単なる知識として、酔狂な所作として、読み取ればよいと思う。人知れず忍んで行く時に、帯を敷き延ばして、その上を伝い這って行くという法も面白く、女の踵を持って開いて行けば、股を開かせることが出来るというのも、真実味が濃い。嫌がる女には、太股に手を入れても、決して股は開けぬという事を聞いたことがある。ここにあるように、踵か足指を持って行えば、容易に股を開かせることが可能であるらしい。

寝込んでいる女に、抵抗されずに交合ができるかどうか、はなはだ疑問であるが、素早く挿入して、女の快感を誘発することが成功の一助のようである。最後の「十五六か、又は新開ならば行ひ難し」という一文は、色道を心得る者の、経験的な至言である。交合の快楽を何度も体験している女は、その快美感に耽溺してしまうことが多いが、まだ未開発の女体では、それが期待不能なので、夜這などは不成功に終わるのである。

二、深奥《しんおう》まで目視するには

女陰を詳細に視察したいというのは、色道を探究する男たちの秘めたる願望である。色道指南書には、女陰の真正面図や、はたまた花心までの見透図などが描かれているが、それは単なる想像というよりは、実際に凝視した結果であろう。女陰の深奥まで凝視するには、どんな姿態をさせたらよいか。本書には、類書には無い希有な説明がある。「開《ぼぼ》の中《なか》を悉《くわしく》見《み》る交様《しよう》」という一節がある。

　人として何事によらず、見せぬ所をみたがるは、普通《せけん》の人情《にんじよう》にして、殊《こと》に男は開《ぼぼ》の中《うち》の見たく思ふは、十に九人迄はある物にて、女は是《これ》を忌《いや》がるも又、女の情《じよう》にて、さもあるべきことなり。

　先づ、その見せ難《かた》き陰門《ぼぼ》の奥を詳《くわ》しく見んとするに、いかほど打《う》ち解《と》けたる中《なか》にても、又どのくらい穴女郎《けつじよろう》でも、生まれてより我物《わがもの》にて、我さへとくと見たこと無き所ゆへ、とかく言いて見せぬものにて、たまたま得心《とくしん》させ、そっと上向《あおむき》になり、股《また》を開きて見るとも、ほんの空《そら》割《われ》、核頭《さねがしら》を見るばかりにて、穴の中《うち》は見ることなし。又、上向《あおむき》にさせて見るは、互ひに顔を見合《みあわ》すゆへ、女はいよいよ恥づかしく思ひ、男も馬鹿らしくなりて、ゆるゆると目を留《と》めて見ては居難《いがた》し。又、此如《かくのごと》くして、いかほど股を割らせ、開《ぼぼ》の穴を広げさせるとも、膣《ぼぼのなか》の左右より肉迫《せま》りて奥を塞《ふさ》ぎ、子宮《こつぼ》を見ること甚《はなは》だ難《かた》し。

　是《これ》を悉《ことごと》く詳《くわ》しく見んとするには、女を得心《とくしん》させおき、俯《うつむ》けに寝させて、股を両方へ開くだけぐっと開かせ、女は手枕にさせながら尻を持

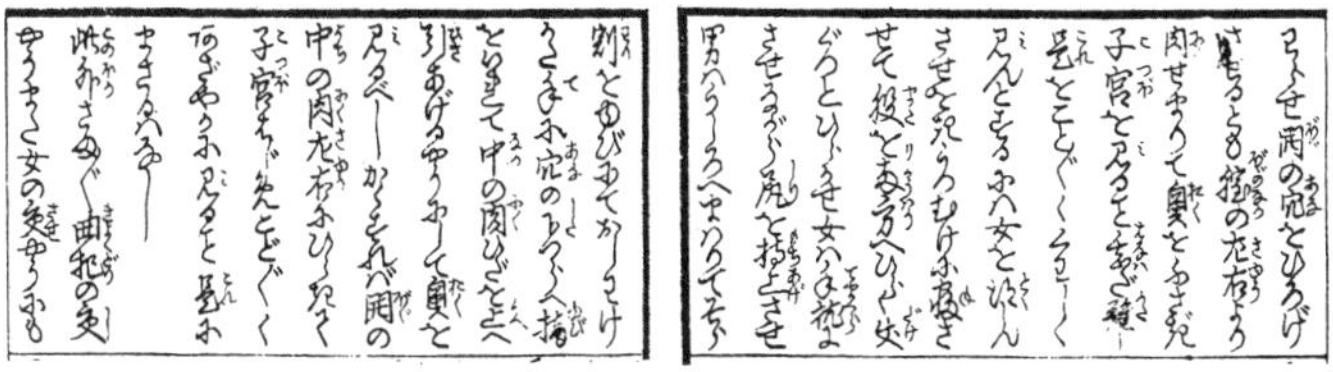

「開の中を悉見る交様」(『男女狂訓　華のあり香』)

ち上げさせ、男は後《うしろ》へ廻《まわ》りて、空割《そらわれ》を指にて押し分け、片手に穴の下面《したつら》へ指を入れて、中の肉襞《にくひだ》を上へ引き上げるやうにして、奥を見るべし。かくすれば、開《ぼぼ》の中《うち》に肉、左右に開きて、子《こ》宮《つぼ》はじめ悉《ことごと》く、鮮《あざや》かに見ること、是に勝《まさ》るは無し。

さてもさても、物凄い記述である。上向きにして股を開いても、ただ正面から各部位は窺えるが、勿論、膣内は窺い知れない。そこで、俯けて尻を持ち上げた女の後から、膣を指で押し上げるように開いて見れば、膣襞の神秘的な重なりや、その頸管部までも見ることが出来ると述べている。この体位を熟知していた男の、探究心たるやまさに珍とせねばならぬ。

第二章の「三玉の図」は、このようにして探査した頸管部の様相を図示したものではあるまいか。

第九章　新鉢を割る

一、色道しつけ方の事

江戸中後期の、夫婦の性愛の全貌を絵と文章で説き明かした『婚礼秘事袋《ひじぶくろ》』（宝暦期―一七五六頃）は、新しい夫婦が性愛を大切にして、交合の有るべき姿を、諧謔性豊かに詳述している希有な書である。本書は、大坂版の結婚指南書の『婚礼罌粟袋《けしぶくろ》』（寛延三―一七五〇）をパロディー化した艶本で、婚礼という儀式から男女の交合に焦点を当てている。典雅な絵は、まさに江戸の性愛文化の精華であり、その解説はまた当時の遊び心を的確に表現している。

真面目な婚礼の儀式を、すべて艶本流に洒落のめしている記述であるが、そのうちの興味溢れる箇所を適宜紹介する。「色道しつけ方の事」とは、婚儀が整った女に、色道の心得を体得させるという意味である。

まづ結納《いいいれ》おさまり、追って吉日を相定め、婚礼を整ふまでに、嫁の風俗・立居・色情の品定めとて、遊所へ伴ひ、太夫天職などの風俗・立居振舞いを見せ、又は色情に慣れたる女を附け置き、好色本双紙類を整へ置き、常に見せて註をさせ、閨中の序を専らに心寄せなば、自然とその品移りて、色気出るに従い、月水《がっすい》はじまる物なり。月水《けいこう》にて淫ぼうの道を開き、たとへ生娘なりとも玉門に潤ひ気ざし出きる故に、新開の悩み無く、新まくらの夜より心よく勤むること、かつは男の心遣ひ無く、聟殿へは第一の馳走也。わけて、月水《けいこう》は夫へも隠すべき一義なれば、里にて取り捌きよく心得置くがよし。

当時、女の結婚適齢期は、十四五歳であったことを念頭に置く必要がある。まだ初潮の訪れも無く、色気の兆しも無く、お人形遊びをしている年代の娘であるから、色情のなんたるかを体験させるところから始まる。

遊女屋に連れて行き、高級女郎の立居振舞いを見学させたり、色道経験豊かな女を側に置き、好色本を常に読ませて、その注釈をさせたりして、閨の思い遣りを専心に学ばせれば、自然とその様子が身に付いてきて、その色気が誘発されると、月経も始まるものである。月経によって淫欲の道が開け、たとえ生娘であっても、女陰に潤いが出てその兆しが現れるので、初交の悩みも軽減され、初夜から快く対応ができるし、また、男への恐怖心も無くなるのは、聟殿への第一の奉仕である。なかでも、月経は夫へもあからさまにせぬ女の秘密なので、実家ではその手当ての仕方などを心得させるべきである。

娘に性愛生活に入るための心の準備と、体の心得の重要さを述べている。特に、月経について言及している点は、行き届いた配慮である。

二、好色本の用意

続いて、「好色本草紙類を整え置き、常に見せて註をさせ」という実践として、次の記述がある。いずれも、交合を中心に述べた秘伝書である。

好色本用意の双紙類。

1、婚礼秘《こんれいひ》事袋《じぶくろ》。　全部三冊。
2、女大楽宝開《おんなたいらくたからべき》。　大本一冊。
3、艶《び》道重宝記《どうちようほうき》。　横本一冊。
4、女令川趣文《おんなしめがわおしえぶみ》。　大本一冊。
5、姫始《ひめはじめ》百人一首。　極彩色一巻。

右の類とゝのへ持つべし。

さて、ここに掲げてあるのは、すべて挿絵付きの交合指南書である。その内、1と3は完本で現代に伝わっているが、2と4は部分的にしか伝わっていない。極彩色の5は、残念ながら未見の書である。

ここに記された諸本は、江戸中期の素晴らしい性愛文化の到達点を示す貴重な書である。ぜひ

好色本双紙類の図

（『婚礼秘事袋』）

全冊が公開され、陽の目が見られる日があることを期待するものである。

三、嫁閨中心得の事

いよいよ床入り、また床入り後の嫁の心得である。

新枕よりして、四五日のうちは、聟の一物取り悩むに及ばず。夫より手を持って握らさば、其時は、柔らかに握るべし。

新枕は初めての交合なれば、よき事は無きと心得べし。新開は開中少し痛むこともありとも、かならず不興の体《てい》を見すべからず。後には段々に嬉しく成て、思ひ知るものなれば、ちりけ一つ据《す》へるよりは心易《こころやす》く、二日目よりはそろそろ快《こころよ》くなりて、三日四日には陰茎の味はひできるものなれば、初に至って苦しき体を見するは心憎き物にて、聟の心遣ひなるべし。

女の心得として、男が誘導して握らせた時には、男根を柔らかに握ることを指南している。そして、初交は快感などは無く、少し痛みを伴うが不興の様子を見せてはならないと説く。その後は、次第に良くなるので、初めの痛みは「ちりけ一つ据《す》へるよりは心易《こころやす》」いと述べている。つまり首筋へ灸を据えるよりは我慢ができる程度であると教えている。

四、新ばちの事

未通女の女陰の扱いに対する、男の心得である。それには、次のようにある。

　あら開は、いまだ核《さね》の伸びざる故、撮《つま》み出したるごとく上に有りて、内まで閉ぢ合《あい》有を、初めて陰茎を通し押し分くるなれば、寔《まこと》は此とき、少し痛む物也。是をがいに新開を割ると言へども、寔（まこと）は茎にて押し開くなるべし。しかれども、無いきに押しはなせば痛み強く、女、顔を顰めて疎ましく思ふ物なれば、よく唾にてぬらつかせて、ぢくぢくと奥へ入れ込むやうに出入すべし。一度陰茎通りし跡は、痛むことなく、開中始めて開ける故、例へば抜き玉子の薄皮の取れたる如くなるを、一物にて擦《こす》れる故、翌日は開中少し腫れたる様に覚ゆる物なり。

未通女の女陰は、陰核が十分に発達しておらず、包皮の中に埋もれている。内側まで閉じ合わさっているところを、男根で押し分けるこ

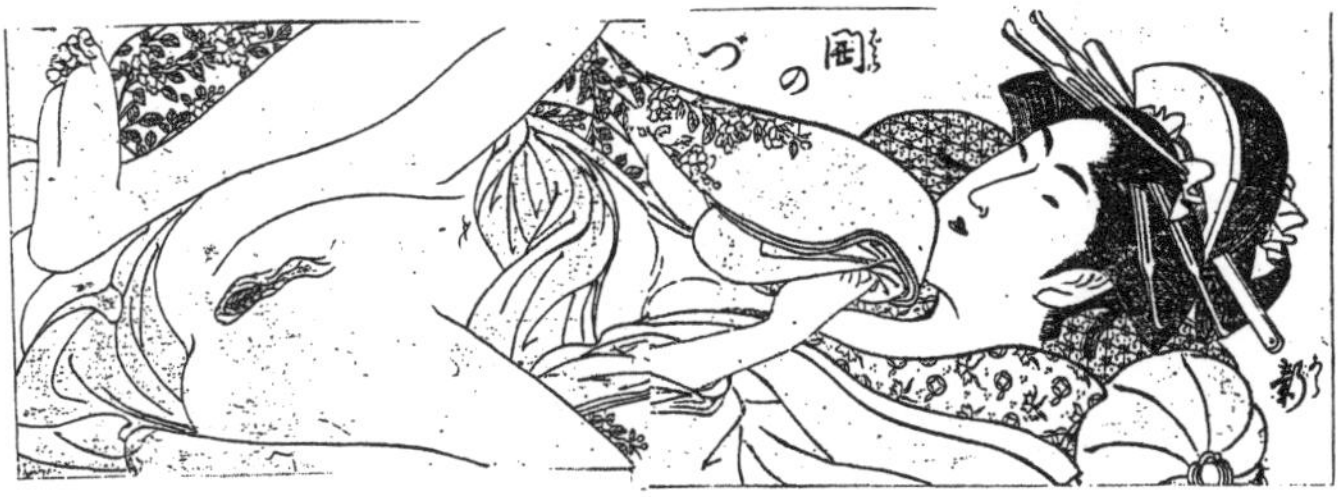

新開の図（『婚礼秘事袋』）

とになるので、女陰は少し痛みを覚える。当時、未通女の女陰を「新鉢《あらばち》」と言い、処女と初交することを「新鉢《あらばち》を割る」と俗称している。

ここでは、「割る」のでは無く、男根で押し開くことになると示唆している。また、当時の性愛指南書では、いわゆる「処女膜」について触れたものは皆無である。解剖学が無かった時代であるから、これも致し方無いことであろう。しかし、本書では「ゆで卵」の薄皮という表現をしており、微妙な感触を実感したような素晴らしい例えである。次いで、

二日目よりは、無造作《むぞうさ》なるべし。しかし、是《これ》も茎《くき》の出入繁《しげ》きは宜《よろ》しからず。やはやはと休《やす》み突《つ》きに突くがよし。

三日目は、出入少し多く共《とも》、よろしき也。いかやうにおぼこなる女にても、三日目には、陰茎の味を覚《おぼ》へ気《き》を遣《や》り初《そ》むるものなり。

四日目は、ずいぶん精《せい》を保《たも》ちて長く行ひ、嫁にとくと味づかせおくべし。

五日目は里行《さとゆ》きなれば、門出《かどで》の寿《ことぶき》とて、部屋にての一義しめやかに堪能《たんのう》させ、嫁、里より弾《はず》みて帰るやうに仕《し》こなし遣《や》るべし。嫁、里へ行きてもいそいそと快《こころよ》き体《てい》を親へ見すること、孝行の第一なるべし。交合の味、極《きわ》まれば万《よろず》の憂《う》きを凌《しの》ぐ妙薬《みようやく》、茎《まら》は積薬《しやくやく》の長《ちよう》たりと言ふ。

床入の二日目は、少し強く行っても構わないが、抜き差しは荒くはせず、やわやわと休みながら、突くのがよいとしている。三日目には、どんなおぼこ娘ではあっても、男根の味を覚え、性の快感を微小に感じ始めるという。四日目は、射精を引き延ばして、じっくりと長く行い、女に味わいを十分に与えるのである。五日目は、交合の素晴らしさを女体から発散させるように、し

初夜の初交（『婚礼秘事袋』）

里行きの門出を祝う（『婚礼秘事袋』）

里帰り直後（『婚礼秘事袋』）

めやかにその旨さを満喫させ、実家に里帰りしても、その元気な姿を親に見せることが親孝行の第一義としている。

交合の旨さを体得すれば、その陶酔に万《よろず》の憂さも忘れることができる妙薬であり、まさに男根は、鬱積した病を晴らす根源なのである。

五、「いとど男欲しく」なる「潤い盛り」

『新撰古今枕大全《しんせんここんまくらたいぜん》』にも新開との交合が描かれている。巻の二「色の品定上代古風の巻」から、「奪恋《ねとるこい》」を引用する。昔々の話として、身分の高い色よき殿御と、十九の娘との逢引きの場面である。

此娘は父母に遅れし故、うかうかと十九の春まで、姨御《おばご》の方《かた》に掛《か》かり居《い》るうち、召使《めしつかい》の女《おな》子《ご》どもにそやし立てられ、いとど男ほしく成《なり》たるより、恥かしさも打忘《うちわす》るる潤《うるお》ひ盛《さか》り、出合《であ》い頭《かしら》に此首尾《このしゅび》、酒飲むうちから玉門はぬらぬらもの、新《あら》ばちでも年が薬《くすり》にて、手早《てばや》に帯くるくると引き解《ほど》き、男の肌にぴったりと寄り添えば、男も褌《ふんどし》解《と》く解く、一物を玉門へ差《さ》し当《あ》てければ、淫水のぬらつきにて、雁際《かりぎわ》までぬっと這入《はい》るそのよさ、堪《た》えかねてぐっと入れば、娘は「あっ」と言ふ。「痛《いた》いか」と言へば、「イイエ、よい気味《きみ》でござんす」と、言ふよりはや鼻息荒く、「是《これ》はまあ、是《これ》ほどに良《よ》いものかいな。道理《どうり》で男ゆえに死ぬる筈《はず》じゃ。これ、こふ取り付いた手も足も、離《はな》す事が嫌《いや》じゃ。ヲヲ可愛《かわい》ひ」と余念なく持ち上げ目を細め、舌を出して男の顔に舐《ね》ぶり付きて、泣きよがるに、男はいとど勃《お》え切ったる、一物上下左《いちもつうえしたさ》右《ゆう》と突き廻せば、「それもう、その上の方の実《さね》の所を擦って欲しい」と新開からの、好み事のたらたら。男もここを大事と腰を遣《つか》ひ、「それ、よいか」「アイ、よいわいなあ」「ソレ、よいか」「アイ」「それそれ」「気が遠ふなるよふになってきた。これが気が行くというのであろ。それな、それな」と身を悶《もだ》へ、男も「それそれ」と、二人が一度に気を遣《や》って、じっと見合わす顔と顔。互ひに嬉しさ目に現《あらわ》れ、娘はとんと打ち解けて、「是《これ》、もうし、お前は隣の娘御と深ひ仲じゃと聞きましたが、今からとんと思ひ切って、わたしを女

初交（『新撰古今枕大全』）

房にして下さんすか。わたしゃお前に惚《ほ》れた故《ゆえ》、もしや今日切りと言ふ気なら、今死ぬるぞへ。此可愛ひ男を余の人に、可愛ひがらせてどふ生きて、見て居られふぞ。どふぞ、わたしばかりを抱いて寝て下さんせ」と、足を胴へきりりと纏い、離れ難きの心ぞと臆底《おくそこ》なきに、男も猶《なお》も可愛さまさり、「誓文《せいもん》くされ。外の女子は見もせまい」と言ふに、娘はうつつなく、「そんなら、かための口と口」と、吸い合へば、又、一物も硬くなり、玉門はぬらぬらする。最前より抜きもせず、互ひに腰を遣う音。淫水流れてぴちゃぴちゃ、十九といふ年配で、有《う》真味覚《まみおぼ》へてのやりくり、「アア、もふどふもならぬほど、よいわひな。それそれ」とよがり泣きに、男も歯を食いしばりて、「それいくか、おれも行くよ、行くよ、行くよ」と、一度に気を遣り仕舞ふ時分に、下女と奴が、「もうし、旦那、御姫様、モウ、お帰りなされませ」と言ふ。放れとも無いはお道理と、庵の主が言ふも、尤も尤も。

現代人もそうであると思うが、男たちには未通女との交合に対する憧憬と願望がある。荒々しく行う訳にはいかぬが、初めて男根を通すのであるから緊密な緊迫感があると期待する。ここに描かれたのは、「いとど男欲しく」なる「潤い盛り」の十九歳の処女である。現代ならば、まだまだうら若くて未成熟という感覚であるが、十四五歳で嫁入りするのが普通であった当時は、初交は遅いくらいであるという設定である。

初めから娘は交合をしたいと熟し切った肉体で、初交でも疼痛も無く、「よい気味《きみ》でござんす」と快感の素晴らしさに陶酔してアクメに達する。男たちは、一般に性的に奔放な女を好む傾向にあり、一交後も抱き付いて離れず、しかも両足で男の胴へ絡みつく女を描出している。男も若く血気に満ちているので、射精しても挿入したままで、口吸いを行うと再び硬直して、二交を始める。女はまた盛んに腰を動かしてアクメを覚え、「アア、もふどふもならぬほど、よいわひな。それそれ」とよがり泣きをする。

男も歯を食いしばって、「それいくか、おれも行くよ」と、二度目の絶頂に二人は同時に到達する。締まりがよくて、反応も敏感で、適度に嬌声を上げて、男にしがみ付く処女との交合は、男にとってまさに理想的なのである。

六、処女識別法

江戸後期の『色道禁秘抄』(天保五—一八三四)は、未通女かどうかを識別する方法を述べている。これは以前の他の類書には無い試みである。少し噴飯じみているが、一つの説としては面白い。「少女と年長たる女、男に交たるや否や御さずして知る法」である。

問《とい》に曰《いわ》く、少女の男に交たるや交はらざるかを御するに及ばずして知る法ありや。答に曰く、少女、破瓜《はか》すれば、已後《いご》陰戸両辺の肉、大人同様に外へ出露《しゆつろ》するもの也。然《しかれ》ども、是は十五歳未満の天癸《てんき》を見ざる少女《むすめ》にて、知る可《べ》し。年長じたる女を試《こころ》みるには、便器《べんき》へ麻灰《あさはい》を入れ、其上に跨《また》がらせ、四方を風の入らぬ様に包み、鼻中《はなのなか》へ紙線《こより》を入れ、嚔《くさめ》せる後、便器を

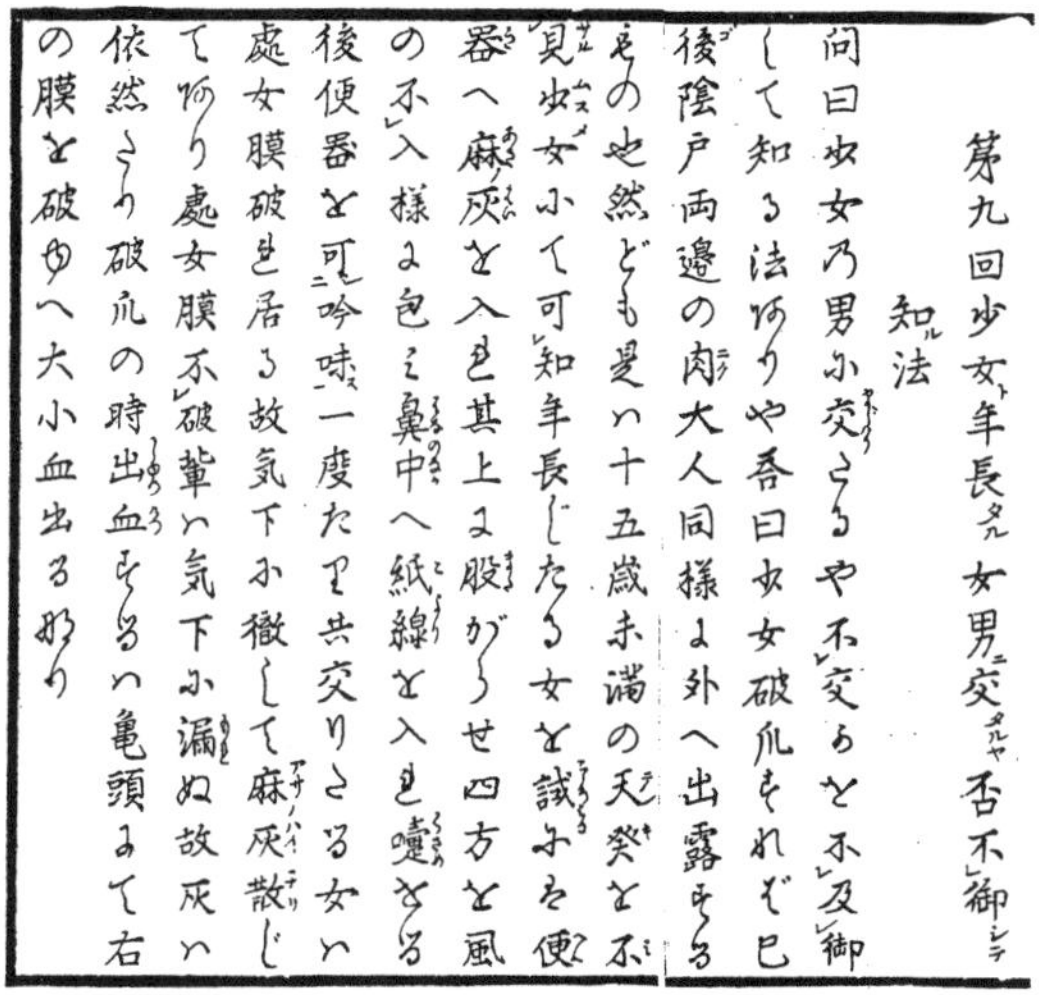

第九回少女ト年長タル女男ニ交タルヤ否不御シテ知ル法

問曰女女乃男に交さるや不交あと不及御して知る法ありや否曰女女破瓜されぞ已後《ゴ》陰戸両邊の肉《ニク》大人同様に外へ出露する
ものなり然ども是は十五歳未満の天癸を不見女にて不可知年長じたる女を試みるを便器へ麻灰を入れ其上に股がらせ四方を風の不入様に包み鼻中へ紙線を入れ嚔をさする後便器を可吟味一度たりとも交りたる女は処女膜破れ居る故気下に徹して麻灰《アサノハイ》散《チリ》じてあり処女膜不破輩は気下に漏ぬ故灰は依然たり破瓜の時出血するは亀頭にて右の膜を破ゆへ大小血出るなり

男に交たるや否や御さずして知る法（『色道禁秘抄』）

吟味《ぎんみ》す可し。一度たりとも交わりたる女は、処女膜破れ居る故、気、下に徹して、麻灰散《ち》じってあり。処女膜破れざる輩は、気、下に漏《も》れぬ故、灰は依然たり。破瓜の時、出血《しゆつけつ》するは、亀頭にて右の膜を破る故、大小血出るなり。

男と性体験をした女は、小陰唇が発達して空割（陰裂）からはみ出るようになるものであるが、それは十五歳未満の月経をみない娘の場合である。「天癸《てんき》」は、月経の別称である。年が長けた女を試すには、風を入れないように隔絶して、麻灰を入れた便器に跨がらせ、鼻に紙縒を入れて嚔をさせるとよい。処女でない女は、処女膜が破れているので、気が下に通じて灰を吹き乱すが、処女の女は気が下に降りないために、灰は少しも動じないのである、という。

この真実性は不詳であるが、真面目に論じているところが、江戸的である。また、本書の年代の頃になると、「処女膜」という性語彙が使われ始め、そして、男根の挿入によって処女膜が破れて出血するという知識も普遍的になっていることが分かる。

第十章　女の立場からの交合

一、日本国が一所に寄り集まる

『新撰古今枕大全』（宝暦期―一七六二頃）では、珍しく女性からの交合の願望を述べている。巻五の「助《すけ》べひ故実之巻《こじつのまき》」を引用する。第三十五代の女帝の皇極天皇《こうぎょく》が、口述したという趣向であるが、巨根伝説で著名な弓削道鏡《ゆげのどうきょう》との交合も描かれている。

これは本書の作成者の誤りで、道鏡を寵愛したとされているのは第四十八代の称徳女帝である。一つのご愛嬌として、内容だけを読み楽しめばよいのである。

皇極天皇ひそかに勅諚《ちよくじよう》ありけるは、惣《そう》じて男は罪浅く心に持たずして女の膚《はだ》の善《よ》し悪《あ》し、又は玉門の広狭《ひろせま》など噂すれども、女はいかなる男にあふても、隠《かく》すを専《せん》にして、遂に女にも話したる事なければども、男に此道の上手下手ありて、女の心に適《かな》わぬ事のみ多きぞかし。

第一、女の方に気ざしたるを見分ける男少なし。女の方より早くも伏《ふ》したいとは言われぬ故《ゆえ》、詞《ことば》にて戯《たわぶ》れ、目にて心を通《かよ》はして、顔の色赤くなるか、又は耳ばかり赤くなり、鼻息荒く、男の側《そば》に擦《す》り寄《よ》り、玉茎へ手をやり、そろそろと動かし、みづから玉門を寄する時、男、慌《あわ》てて取り掛からず、しめやかに話などしかけて、腹背《はらせなか》などを摩《さす》り下ろして、そろそろと入れ掛け、初手《しよて》はあさあさと突きかけ、次第に奥へ進ませ、たとへ我かたから玉門を差《さ》し上《あ》げ、奥に痒《かゆ》き所あって、玉茎当てて気味よく腰を竪横《たてよこ》にこぢて、恥ずかしさも忘れ声を上げて、様々にもがひて乞ふと、夫《それ》には心移さず、いつもの如くに、そろりそろりと遣り掛けらるる男には、ほんに命もやりたし。

下手な男は、女は奥深《おくふか》く根《ね》元《もと》まで入れば、よがる事よと心得て取り掛かるより、無二無三《むにむさん》に奥へ差《さ》し込《こ》み、首筋《くびすじ》もとへ手を廻《まわ》して、急に腰を遣《つか》う故《ゆえ》、もふ男が気を遣《や》ってしまふてあるが、残念な事やと思へども、どふも女の口から永《なが》くして欲《ほ》しい、大きに気が遣《や》りたいとは言はれぬから、静《しず》かに静《しず》かにと気を付けても、滅多《めった》無性《むしよう》に腰を遣《つか》ふては、女は長崎まで行くものが播磨か安芸辺りまで行くか行かぬうちに、つい遣ってしもふて、女に堪能させた顔つき、女の口からはたとへ天《あめ》が下《した》を治めるみづからにても、まだいきはせぬほどに、今しばしして気を遣らしてと、どふも言われず。其なりに仕舞ふて寝るも、とっくりとは寝られぬものぞかし。

女帝の皇極天皇が、人知れず言われることには、一般的に男たちは無邪気にも女の品定めをして、膚艶の善し悪しや、果ては女陰の広いことや狭いことなど話題にするけれども、女たちはどんな下手な男と交合しても、慎ましやかに隠すことを専一にして、女同士でも話題にすることは無いけれども、男にはこの交合の遣り方に巧拙があって、女の肉体に不適なことが多いものである。

第一に、女に性的な興奮が漲《みなぎ》ったのを見分ける男は、ほとんどいない。女の方から、早くもう

探春（『新撰古今枕大全』）

床入りしたいとは言えないので、言葉でそれらしく戯れ、目に意味を籠めて見つめるので、顔が赤らむか、または耳ばかりが赤くなり、性的な興奮で鼻息荒くなって、男の側へ擦り寄り、男根に手をやって握り、そろそろと動かして女陰を近づけても、男は慌てて取り掛かってはならない。そういう場合は、男はしめやかに会話などをし掛けて、女の腹や背中を優しく摩り下ろして、やんわりと男根を挿入し、初めは浅く浅く差し抜きし、次第に次第に奥へ突き入れ、たとえ女の方から女陰を差し上げ、奥にむず痒い所があって、男根がそこに当たって心地よく、腰を縦横に捩じり動かして、慎みも忘れて嬌声を上げて様々にもがいても、男はそれに呼応せずにいつもの通りに、そろりそろりと抜き差しをするような男には、ほんとに命も遣りたいと思うものである。

下手な男は、女は奥深く男根の根元まで入れれば、喜ぶものと独り合点して取り掛かるために、無理やりに奥へ嵌入し、女の首筋へ手を回して、激しく腰を遣って抜き差しするので、男の方が先へ射精してしまう。これはまことに女は残念だと思うけれども、そんな時には女の口からもっと長く保ってほしい、女も大いに絶頂を感じたいとは言えない。だから、女の方が静かにそろりそろりと気を遣っているのに、滅多やたらと男は腰を遣ってしまい、女は長崎まで行くはずのものが、播磨か安芸辺りまで行くか行かぬうちに、男は射精をしてしまい、しかも女に十分に堪能させせた顔つきでいるのは、どうも我慢がならないものだ。

天下を治めているわたしのような者でも、女の口から「まだ、絶頂に至っていないから、もう少しゆっくりとして、絶頂を感じさせてほしい」とは、どうしても言うことが出来ず、その不満もそのままに終わって男は放れ、仕方なく寝ようとするが、女体がまだ不満だらけで、じっくりとは寝られぬものであることだ。そして、さらに次のように続く。

男の物、あながちに太きにもよらず、喜悦の薬を付けられたにもよらず、ただ取り掛かりより、よく女の心を動かし、玉門に潤ひ満ちるを待ちて、静かに徐々《そろそろ》と抜き差しをして、さあ今ぞよと思ふ盛りに押し掛けて、急に腰を遣はるれば、たとへ一物は細く小さき物にても、大分快く気を遣る事なれども、男の癖で、女でさへあれば、大きなものを好むやうに言わるる故に、弓削の道鏡を召し寄せたれども、大きなばかりにて、大の下手也。其上、床に入るとそのまま玉門を弄《いら》ひたがるは、うるさきものなり。暫く話して心の赴く時分に、玉門の中へ指を入れず、さねがしらに少し唾を付けて徐々《そろそろ》と弄《いら》はるるは、誠にどふも言はれぬ良ひ気味なものなれども、是ほどまでに心を尽くす男は稀《まれ》なり。

続けて言う。男の持ち物は一概に太いからよいとも言えず、催淫剤を塗布されることにも無関係で、ただひとえに前戯の時から女の心の動きを誘発させて、玉門に愛液が満ち溢れるのを待って、穏やかにそろりそろりと抜き差しをし、女の興奮が「さあ、今こそよい」という頂点の時に、ぐっと突き進み急に腰を遣われると、たとえ一物は細く小さな男根でも、とても快くて気を遣ることが出来るのである。

それを解せず、男の決まりきった常識で、女でさえあれば大きな男根を好むように言われるのである。一度、かの巨根として名高い弓削の道鏡を閨の相手に召し寄せたけれども、大きいばかりで交合の技法は拙劣であったことだ。その上さらに、同衾するとすぐに女陰を弄したがるのは、女にとってはただうるさいばかりである。

閨で暫くは睦言を交わして、興奮の度合いが高まった時分に、女陰の中に指を挿入するのでは無く、陰核《さねがしら》に少し唾を付けた手で、静かに揉みほぐされるのは、本当にどうも言えないほどよい快さである。けれども、これほどまでに心を尽くす男は、滅多に居ないものである。

女の性的な興奮に合わせて、女がしてもらいたいと思う通りに、やんわりと前戯を施し、本技に際しても、女が「ここで強く擦るように抜き差しして！」と感じている時に、一気に交合運動をしてくれる男は、ほとんどいないという訳である。女の興奮の頂点に至る時間は、男よりもずっと遅く、しかも絶頂の直前という時に、一気呵成に抜き差しを激しくしてほしいという、女の願望である。さらに、

恐らく、女を堪能させる性《しょう》は、女を仰向《あおの》けに寝させて、男、玉門の前に畏まり、膝の上に女の尻を上げて、玉門へ一物を差し込み置き、毛のほじゃほじゃとある所へ、男の右手を乗せ、其親指の腹にてさねがしらに唾を付けて、徐々《そろそろ》と弄《いら》はるれば、其心持ち、どふも言はれず急に遣りたくなりて、様々にもがく躰《てい》を見て、すぐに本手に抱き締め、腰骨の続くだけ突いてもらふ時は、誠に日本国がちり気もとへ寄るやうに覚ゆるなり。必ず、夫を持つ女あらば、此事を伝へて、男に教へよかし。男の上手次第にて、女はひとり悦ぶ事なり。

とまとめている。つまり、女を交合で堪能させる性質の男ならば、先ず女を仰向けに寝かせて、女の開いた足の間に座し、男の膝の上に女の尻を引き寄せ乗せ、女陰に男根を差し込んで置き、女の性毛がほじゃほじゃと生えている陰阜に右手を乗せて、唾で湿らせた親指の腹で陰核をそろそろと揉まれると、その快感の素晴らしさは口では言い表せないほどである。交合欲が喚起され

て男根が欲しいと悶える女体を見て、男はすぐに本手取り（いわゆる正常位）になって抱き締め、男の腰骨が折れるほどに長く強く抜き差しをしてもらう時は、快美感が全身を走り抜けて、日本国が一所《ひとところ》に寄り集まるように、身柱《ちりけ》もと（身柱のあたり。項《うなじ》の下）に快感の波が幾重にも押し寄せるほどである。

前戯において、陰核をやわやわと静かに揉みほぐすように押し擦り、これで女の興奮を高め、女の欲求が高まって来たら、正常位で抜き差しを行うのが、常道であると言う。そして、この微妙な女の交合への欲求を、女は男にしっかりと教え込むことが肝要であるとしている。女の性の愉楽は、ひとえに男の上手下手に左右されるという哲理を述べている。

女の絶頂における嬌声は、「よがり声」と言われるが、意味不明の言葉を発したり、嗚泣したり、息音や唸り声である。「いく、いく」「死ぬ、死ぬ」というのが一般に知られているが、よがり声の最たる

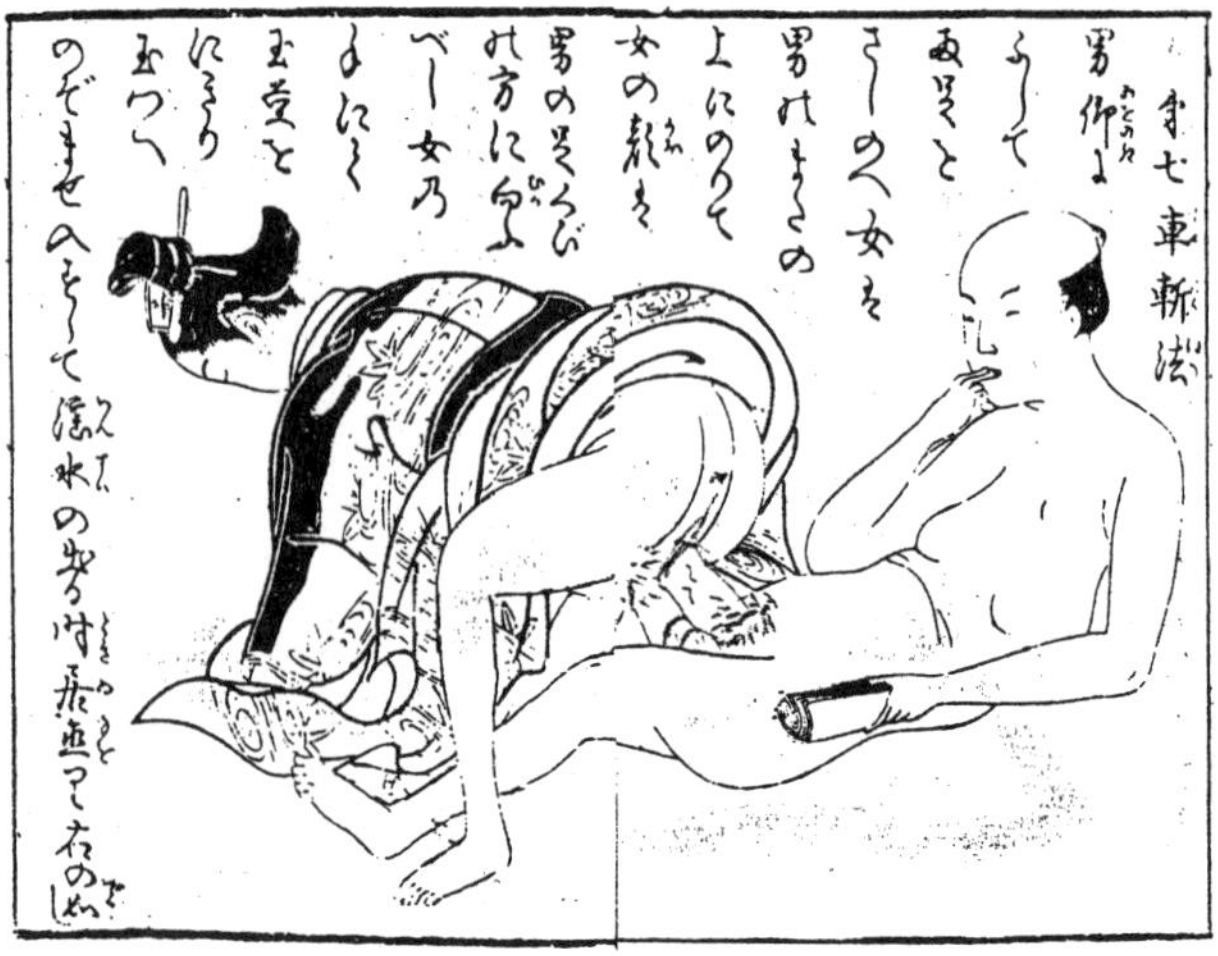

車斬法（『新撰古今枕大全』）

ものは、「日本国が寄るようだ」「日本《ひのもと》が一か所に寄り集まる」という言葉で、江戸の艶本にも随所に表出されている。川柳にも、

日本《ひのもと》がとは大《おお》それたよがりよふ（明六智4）

と詠まれている。男の場合の射精する時の快美感は、脳髄のてっぺんが絞り取られるような、という表現が見られるが、女の絶頂感は体内を駆け巡って、どうやら「ちりけ」（襟首の灸点）辺りへ凝集するようである。子宮が絶頂感によって伸縮し、その快感のうねりが全身を震わせ、首筋に圧縮されて感じられるらしい。男と女の快感の感得における不可思議な差である。

二、腎張女《すけべい》

もっともセックスに積極的な女の事例は、それ以前の『風流御長枕』（宝永七―一七一〇）などでも描かれていた。「腎張女」の凄《すさ》まじさを紹介する。当時、男の精液は腎水と言い、精力旺盛な者は、この腎臓に精液が張っていると解釈されたので、「腎張」とは好色で交合好きという意味である。ここでは女の交合好きな者の実態が述べられている。

物堅《ものがた》きお家《いえ》の奥奉公《おくぼうこう》の女、ふんどしを見てさへ上気《じょうき》するに、たまたまの御暇《おいとま》に、生きた男

に会い、思ひで申す事、何に代《か》へられんや。男の話、少しも耳に入らず、一義《いちぎ》に心急《こころせ》きて玉《たま》茎握《ぐきにぎ》り、指《ゆび》を輪《わ》にして太《ふと》みを見たり、男の手を懐《ふところ》へ入れたりするは、玉門を弄《いら》ふて見よと言ふ事也。やうやう交掛《とりかか》るに、布団《ふとん》もびったりと濡《ぬ》らし、はや姿《すがた》を恥《は》ぢず、丸裸《まるはだか》になって、果《は》ても無《の》ふ腰を遣《つか》ふ。男も気味《きみ》良《よ》く、むし返《かえ》しに三つまで気を遣《や》り、「もう、ならぬ」と引き抜き、拭《ぬぐ》ふ玉茎《たまぐき》を捕《とら》へ、「わしは、まだ、気が行かぬ」と言ふ。男も嵩掛《かさか》けて「俺《おれ》が五番した内《うち》に、貴様《きさま》も五番したに嘘《うそ》をおっしゃる。俺が一人して、是程《これほど》布団が濡らさるるものか」と言へば、女、「腹《はら》の淋《さび》しい時、茶漬《ちゃづ》け食《く》ったやうなもので、今までのはよかったやら、悪《わ》ろかったやら覚《おぼ》えず、今から味《あじ》を覚えるのじゃ。勃《お》ゑるまで、腹《はら》の上で噺《はなし》さしゃんせ。勃《お》やすは、わしが勃《お》やすわいの」

交合好きな女は、三百年前も現代も不変と見える。ここでは、男と没交渉を強いられている御殿勤めの奥女中を取り上げているが、それにしてもその強欲ぶりには驚嘆させられる。

男の褌を見てさえも、性的に興奮して顔も赤らむほどの女、男と床入りの機会が訪れると、もう無我夢中になる。交合することにばかり気を取られているので、男の話などは耳に入らず、勃起した男根を慈《いつく》しむように握り、その太さを指を輪にして計って楽しみ、男の手を捉えて胸元へ入れさせるのは、早く女陰を男に弄させたいという魂胆なのである。

いよいよ交合に取り掛かると、すぐに夢中になり、愛液をふんだんに流して布団がびっしょりと濡れるほどで、早くも女の恥じらいも忘れて丸裸になり、遂には自分から大胆に腰を遣って、交合運動を積極的に行う。そんな能動性に男も満足して、連続して三回も射精し十分に堪能し、

「もう、疲労困憊だ、これ以上はできない」と男根を引き抜き、紙で拭き清めると、その男根を女はしっかりと握って、「わたしは、まだ遂情しておらぬ」と言う。そこで男も少しさばを読んで、「俺が五回も気を遣ったうちに、あなたも五回も絶頂に達したのに、嘘をおっしゃることだ。俺一人が精を出して、これほど布団を濡らすことは出来ないよ」と言うと、女は「空腹の時、急いで茶漬飯をかっ込んだようなもので、今までのものは良かったのやら、悪かったのやら、はっきりと覚えていないよ。これからじっくりと味を覚えるのじゃ。それが固く硬直するまで、わたしの腹の上に乗ったままで世間話でもさっしゃりませ。これを勃起させるのは、わたしが手など遣って十分に勃起させるわいの」と言ったのである。

男が「抜《ぬ》か三《さん》」(抜かずに三交すること)などで、十分に交合の旨さを堪能したが、女の強烈な性欲にとっては、まだまだ不足なのである。

腎張女(『風流御長枕』)

三、強淫の女

江戸後期の性愛指南書『色道禁秘抄』は、著者の兎鹿斎先生の実体験をもとに色道が説かれている点が特徴的であるが、淫乱女との巡り合いがまた壮絶である。

問《とい》て曰く、先年、寺町五条辺富家《ふうか》の孀婦《やもめ》、高給《きゆうぎん》にて男妾を抱《かかえ》たるに、一人として一月《ひとつき》も勤《つと》むるあたはずして逃げ去りしと聞くが、如何《いか》なる事乎《か》。答《こたえ》て曰く、予も昔、此如き孀婦《やもめ》に出会し。畧堪《ほぼたえ》ざる事を知る。数回御《たびたびぎよ》するは格別、其暇《そのいとま》には探宮《くじる》を好み、親嘴《くちすう》にて足らざる顔一杯、周身《からだじゆう》まで舐《ね》ぶり、或は抓《つめ》り、或は茎を握り、人目無ければ白昼《ひる》も抱《いだ》き付く故、初めの内は我を愛《あい》するの余《あま》りと思へど、後《のち》にはうるさく成りて、強淫《ごういん》の某《それがし》も甲《かぶと》を脱いで逃げたる也。寺町の孀婦《やもめ》も必ず此類《このたぐい》ならん。其上《そのうえ》、陰中必ず冷《れい》なる者にて、快楽《けらくすく》少なし。

少し前、寺町五条辺りの裕福な家の後家が、賃金を与えて男妾を雇ったが、誰でも一ヵ月は勤まらずに逃げ去ってしまったと聞いたが、これはどんな事なのかという問いである。それに答えて、自分の体験を述べ、そんな年増女もいるものであると応じている。色情狂に対する、精神的、肉体的な考察を一切せずに、淫乱女の体質のみを記述している。

予も昔、そのような後家に出会ったことがあるが、その女の強欲ぶりには、到底男は応じられないことを痛感した。「御する」は、交合するという意である。数回も交合するのは当たり前で、交合の合間には女陰を指で弄されるのを好み、口吸いを行っても不足顔のし通しで、男の全身を舌で舐め回し、全身を指でつねり、また男根を握って弄《もてあそ》び、人目が無ければ白昼でも交合を重ねる。初めは予をいとおしがっていると思っていたが、後には飽くなき交合欲に辟易して、さすがに強淫の予も、耐え切れずに逃げ出したことである。寺町五条辺りの後家も、さだめてこんなタイプの女なのであろう。このような女は、概して女陰が冷たく、あまり快楽は得られないものである。

恐らく、色情狂の女は、肉体的に交合を欲するということよりも、連れ合いを失った精神的な寂寥感や孤独感から、単なる接触を欲するのである。交合による快感に耽溺することも無く、その愉悦の余韻に身を委ねるということも無く、むしろ冷感症の場合が多いようである。

第十一章　尻は格別（衆道の楽しみ方）

一、衆道の上品と下品

『好色訓蒙図彙』（貞享三―一六八六）は、色道を網羅しようとして編纂されているので、「衆道・意気智界」と題した一節がある。戦国時代から男色そのものを論じた書も多くあるが、当時の色道は女色と男色の二道と言われ男色にも触れることが通常である。男色は僧侶の世界から始まり、武家の念契《ねんけい》（生死を共にして相互扶助に徹する契り）として行われ、戦乱が終わってからもその風習だけが残存して、肛交を楽しむという風潮が生じた。女色を堪能しながらも、肛交にも耽溺するのが、江戸の通人の性愛の生き様になった。そこで幕末に至るまで、金銭さえ出せば、陰間（男娼）と自由に遊興が出来たのである。

したがって、江戸の色道指南書では、男色についての記述があるのが普通であった。まず、本書では上品の交接器について述べる。

衆道《しゆどう》の上品《じようぼん》といふは、第一、後門に肉多く、ふくらかにして、肌《はだ》細やか也。谷深《たにふか》くして、菊座《きくざ》柔《やわ》らかに、四十二の襞《ひだ》、緩《ゆる》やかにして、口締《くちしま》らざれば、濡《ぬ》らしに従《したが》ひしなやかに、滑《なめ》らかになり給《たも》ふ也。是、上々の御後《うしろ》、殿様《とのさま》の御物《こもつ》、千石船也。此御後台《こうだい》、径山《きんざん》の井手《いで》、西湖の十景を備へしを、利休が茶湯、其しほらしさみて、たいはを忘れたるが如し。

男色の相手として最上品のものは、臀部の肉付きがよく、膚が肌理《きめ》細やかで、臀裂が深くて肛門が柔らかで、しかも四十二の襞が緩やかである。入口が固く閉まっておらず、濡らすに従ってしなやかになり、滑らかになるものである。これが最上の交接器であり、このような上品は殿様の愛玩するものであり、千石船のような宝物である。中国浙江省《せっこうしょう》にある径山寺《きんざんじ》の堰止《せきどめ》湖の西湖《せいこ》の佳景十景を具えているようで、それは千利休の茶の湯のようなしおらしさであり、言葉を失ったように素晴らしいものである、と述べている。

ここで、交接器の肛門を「菊座」としているが、時代的にも古い表現である。その襞数を四十二としているが、これも観察の結果であろうか。

これに較べて、下品《げぼん》について、

下品は、第一、後台《こうだい》に肉無く、厚皮《あつかわ》にして、骨高《ほねだか》なる事、紙ごしに簀子《すのこ》を探るが如し。谷浅くして六月《みなづき》の水無瀬《みなせ》川也。菊座剛々《こわごわ》しくして、新左衛門《しんざえもん》が渋紙《しぶがみ》そこのけなり。締めたる袋の口のやうにて、道明寺の入物《いれもの》もいそなり。丸山が力瘤《ちからこぶ》だして、木梃《てこ》でも入らず、濡《ぬ》らしに露《つゆ》を弾《はじ》く事、焼石《やけいし》に水《みず》也。大　窄《すんばり》の元祖、大和尚《だいおしょう》木尺八也。物喰《ものく》ひのよき仁《じん》、又は餓《が》に及びたる山寺の上人など、好物の喰気《くいけ》、所望の黄な物などを握らせて、やうやう雁首《かりくび》を望ますれば、連飛《れんとび》を返《か》へさるる。慌《あわ》ただしう引き抜いてみれば、露転《ろてん》が色違《いろちが》ひしたり。

これいと呆《あき》れ果《は》てて、つくづくと見れば、永平寺《えいへいじ》の東塔《とうどう》様に其ままにて、黄袈裟《きけさ》、黄衣《こうい》を召《め》して、威儀《いぎ》とくどくしくて、異響芬々《いきょうふんぷん》たり。

とある。最低のものは、臀部は肉付きが無く、皮膚も厚皮で、骨高であり、紙越しに簀子を触わるような感触である。臀裂も浅く、水無川のようであり、菊座は固くて曾呂利《そろり》新左衛門が作ったとか言う渋紙の袋のようである。きっちりと締めた袋の口のようであり、干飯《ほしいい》粉の入れ物以上に未熟である。相撲取りが力を込めるように、突き入れようとしても全く入らず、唾で濡らしてもいっこうに効果が無く、まるで焼け石に水である。このようなものは、窄《すぼ》まりの元祖であり、和尚の木製の尺八にだけ合致する。イカ物喰いや飢えた山寺の和尚などにも適合であり、金貨などを握らせて、いざ行為に及び、亀頭部を挿入すると忽ちにガスとともに弾き返される。慌てて引き抜いてみると、露転（男根）が色違いしている。「連飛」は蓮の実が飛び出すように、狭い所から吐き出されることで、ここではガスの噴射である。

　呆れ果ててつくづくと己の男根を見ると、永平寺の東塔にそっくりで、黄色な袈裟、または黄衣を着ているように黄色に染まっており、その変わり果てた形相はまことに厳めしく、異臭が鼻をつくばかりである。

　この下品の様子を読むと、肛交の難しさが伝わって来て、興味深い。『弘法大師一巻之書』（慶長三—一五九八）という男色指南書にも「出糞《でぐそ》に驚く事勿《なか》れ」とあり、肛交には糞便が付きまとうようである。肛交では、糞便に染色されて黄色になると言われ、常習者は雁首の周りが常に黄ばんでいるという。

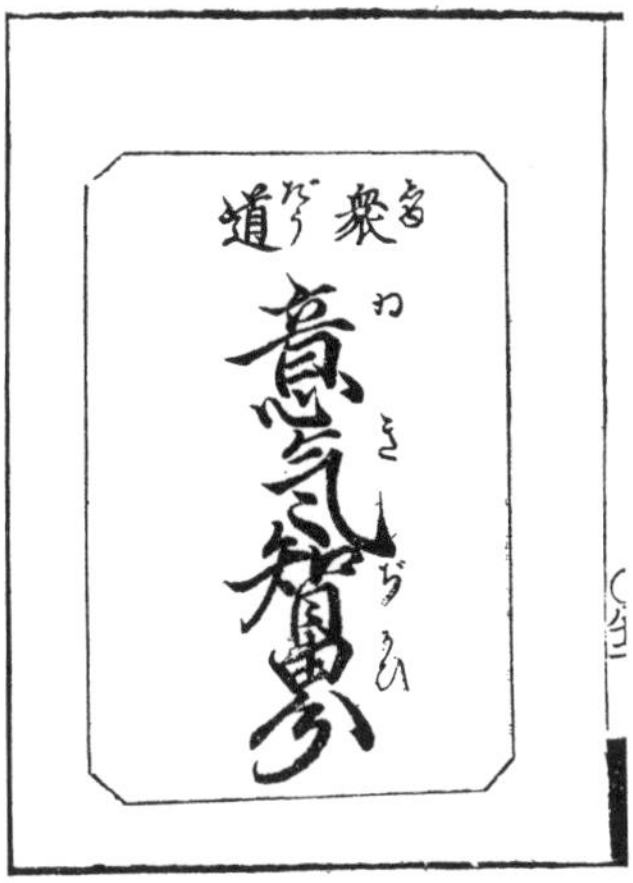

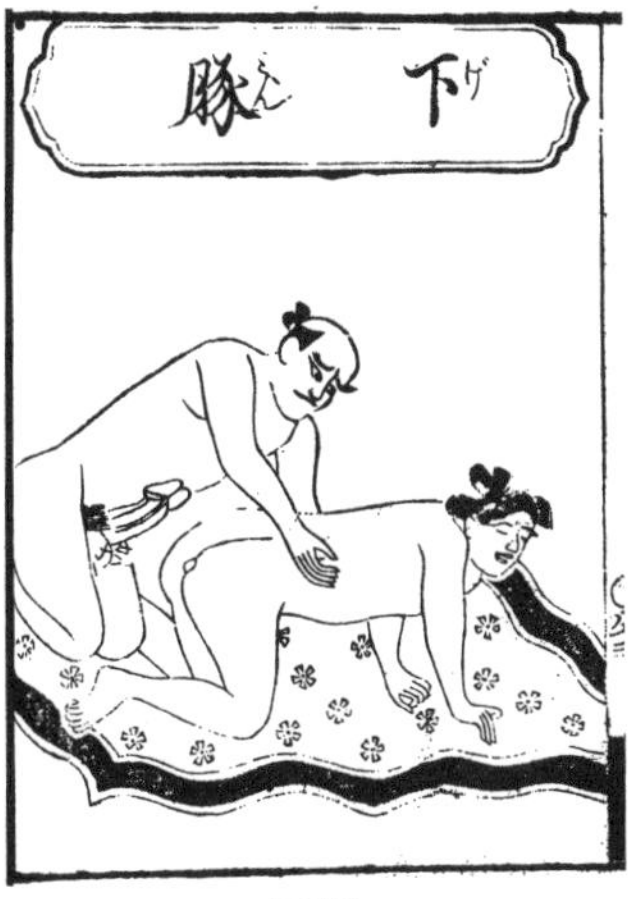

下豚

上豚

（『好色訓蒙図彙』）

二、弘法大師の秘伝

俗説では、僧侶の世界で男色を始めたのは弘法大師であると言われる。彼は大陸へ留学している時に、この法をも学んだとされ、男色の祖とも称される。『好色旅枕』（元禄八―一六九五）では濃厚な女色を述べた後に、巻末に、男色についての記述がある。出家沙門の身でも、天性の水を排出しなければならぬという人間の性《さが》を述べる。先ず、

しかれども出家にも、俗人に変はらぬ天性の水あり。此《この》水は流す事もなく堰き止めておきたるばかりにては、洪水となって仏の戒めを破り、女を犯す心出来《いでく》るものなり。これ大水なる時、河水堤《かすいつつみ》を破るが如し。さるによって、煩悩《ぼんのう》の悪水を流す衆道《しゅどう》と言へる大河を拵《こしら》へ、末世の沙門にこれを示す。

とあり、女色の素晴らしい快味に溺れないように、男色の道に捌け口を求めるという趣旨である。性欲の奔流を水の流れに例えているのは、秀逸である。そして、「衆道床入の諸礼」として、次のように述べる。

弘法大師の曰く、床入の時、幼少なる若衆は、おゐどの痛《いた》むを嫌《いや》がるもの也。その時、山《さん》椒《しょう》の粉を少し唾《つば》にて練《ね》り、おゐどの穴に挿《はさ》めば、しきりに痒《かゆ》うなるものなり。その後、そろ

そろと柔《やわ》らかにあしらひて行ふべし。痒みに退《ひ》かされ、必ず痛みを忘るるもの也。是《これ》、一大事の秘密也。みだりに人に授《さず》くべからず。

幼い若衆と初めて肛交する時には、受ける側の若衆は痛がるものであるから、山椒の粉を肛門に差し込んで塗る秘法である。「おゐど」は、御居処《おいど》で、尻のことであるが、ここでは交接器である肛門の意である。ひりひりと痛み痒いので、挿入される疼痛を忘れさせ、順当に肛交が出来るという訳である。この秘伝は、妄《みだ》りに人に伝授してはならぬと戒めている。

三、尻穴三品の次第

交接器としての肛門にも、女陰と同じように適不適がある。それを『好色旅枕』では「上《じょう》とん」「中《ちゅう》とん」「下《げ》とん」とランク付けをしている。この「上とん」「中とん」「下とん」という呼称は『好色訓蒙図彙』からの影響である。しかし、内容的には本書の方が、より具体的で分かりやすい。

上とんの形。第一、後門《こうもん》に肉多く、ふくらかにして肌柔《はだやわ》らかに、四十二の襞《ひだ》あるゆへ、濡らしに従《したが》ひ、緩《ゆる》やかにして滑《なめ》らかなるによって、上とんと言ふ。

中とんの形。襞《ひだ》三十八あって、上とんに四襞《しひだ》少なきによって、味《あじ》、上とんほどになけれども、大《おお》かたの味なるによって、中とん。
　下とんの形。後台《こうだい》に肉無く、厚皮《あつかわ》にして骨高《ほねたか》し。谷浅くして髮《ひだひと》一つ無ければ、潤《うるお》ひ無く、何ほど濡らしても、焼け石に水掛《か》けるに等《ひと》しく、何の快《こころよ》き事一つも無ければ、下とんと言ふなり。

　女陰と同じように、交接器として行為者に快感を与える度合いに優劣があるらしい。柔らかで、襞数が多く、潤滑剤を施すと緩やかになり、滑らかになるのが最上であると言う。男色の作法書『弘法大師一巻之書』（慶長三―一五九八）には、
　九尻十二味といふ事有ども、是は空説也。実は十一尻十三味なり。然《しかり》と雖《いえど》も大閇《おおまら》は十一には無理なり。但し、尻の穴は格別。
とある。これは己の体感から割り出した数字であると思われる。肛交に際しては、肛門には十一種のランクがあり、その味わいには十三の楽しみがあるとされている。快感の種別を十三としているのは、実際に体験した人の経験上の蓄積なのである。最後の「尻の穴は格別」とは、これに執着している賛嘆の言葉であり、その陶酔は想像に絶するものがある。
　本書でも、中とんは「大《おお》かたの味」であるから、まあ許容できるが、下とんに至っては「何の快《こころよ》き事一つも無けれ」と極めつけている。当時の色道追求者の、男色に対する傾倒ぶりが感得できる。

四、小児を衆道に仕込む

『艶《び》道《どう》日夜《にちや》女宝記《じよほうき》』（明和期―一七七〇頃）では、壮絶な女色の道を述べた後、まことに珍しく「小児十二三才より衆道に仕入る術を記すこと、左の如し」として、肛交に馴れさせる過程を詳述している。冒頭に「尻穴《こうけつ》彫《をほる》五《ご》指《し》之《の》図《ず》」として、右手を開いた図がある。小指が「壱」、薬指が「二」、人差指が「三」、中指が「四」、親指が「五」と番号が記され、これが肛門に差し込む訓練の順を示している。

若衆しんべ子を仕入するには、先づ右の手の爪を五本ながらよく切《きり》て、初《はじめ》の夜は小指に油薬など塗りてせせり掛《か》け、よく入るやうにならば、又一日二日間《あい》をきて、二度目は紅差指《べにさし》を刺《さ》し込《こ》み、ひたもの出入《でいり》させ、又一日も休ませて、三度めには人差指にて彫《ほ》り掛《か》け、よく入らば、其翌日は高指《たかゆび》にて出入《でいり》を試《こころ》み、又大指《おおゆび》を

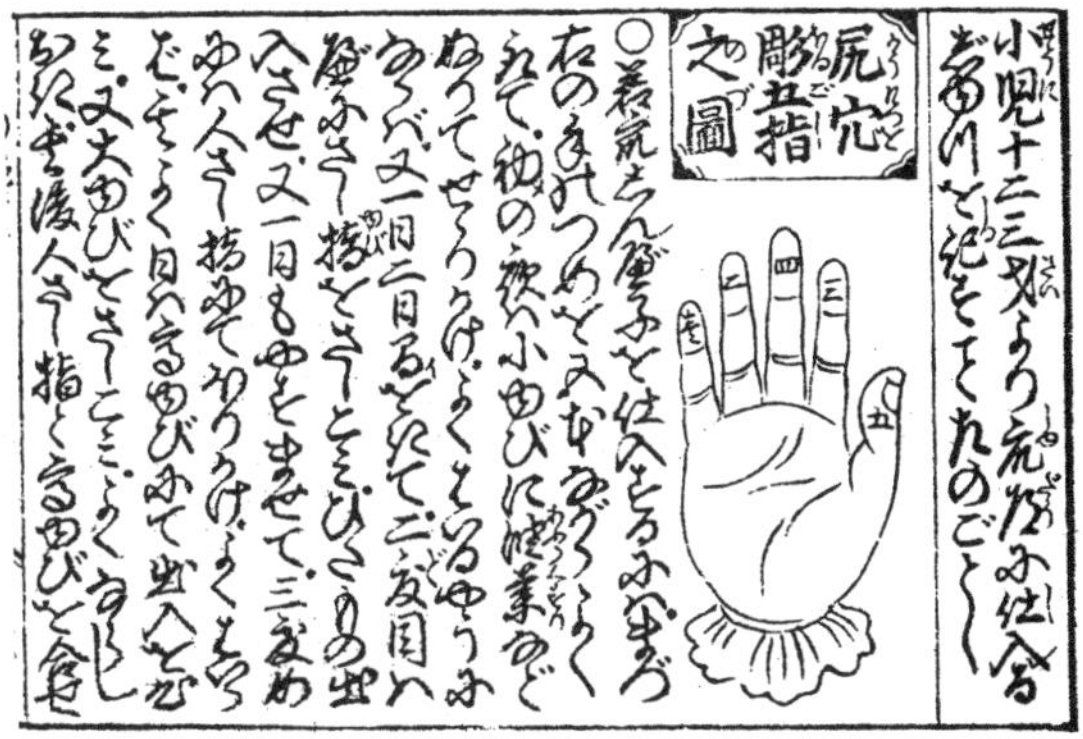

尻穴彫五指之図（『艶道日夜女宝記』）

刺し込み、よく慣《な》らしおき、其後《そののち》人差指と高指を合せ、二本一つにして刺し込み、よく抜き差しを試《ため》して、其《その》次《つぎ》に茎《へのこ》を入れ掛け、よくよく巧者《こうしゃ》を尽《つ》くし、段々《だんだん》によく入《はい》る也。又、尻《しり》によりて早い遅い有る也。

若衆に痛みを与えぬように、慎重に訓練を進める。「せせり掛《か》け」は、穴をほじくるの意である。「ひたもの」は「一途に・ひたすら」のことで、ここでは熱心に肛門に指を抜き差しすることである。指の抜き差しの最終段階は、人差指と中指を重ね合わせて一本とし、それを出入りさせる。これに習熟したならば、いよいよ男根を挿入し、荒々しくせずに巧みに抜き差し運動を繰り返すと、段々に奥深く入るようになると説明している。

これで七、八日を要している。「尻《しり》によりて早い遅い有る也」という記述に真実味が感じられる。肛門の個人差によって、馴れるのに早い遅いがあるということで、いかにも仕込みの体験を施した者の実践譚のようである。

絵も添えてあり、そこには「衆道仕《しゅどうし》入《いれ》の図」とある。本書では指を遣っているが、他の男色指南書では、布を巻き

衆道仕入の図（『艶道日夜女宝記』）

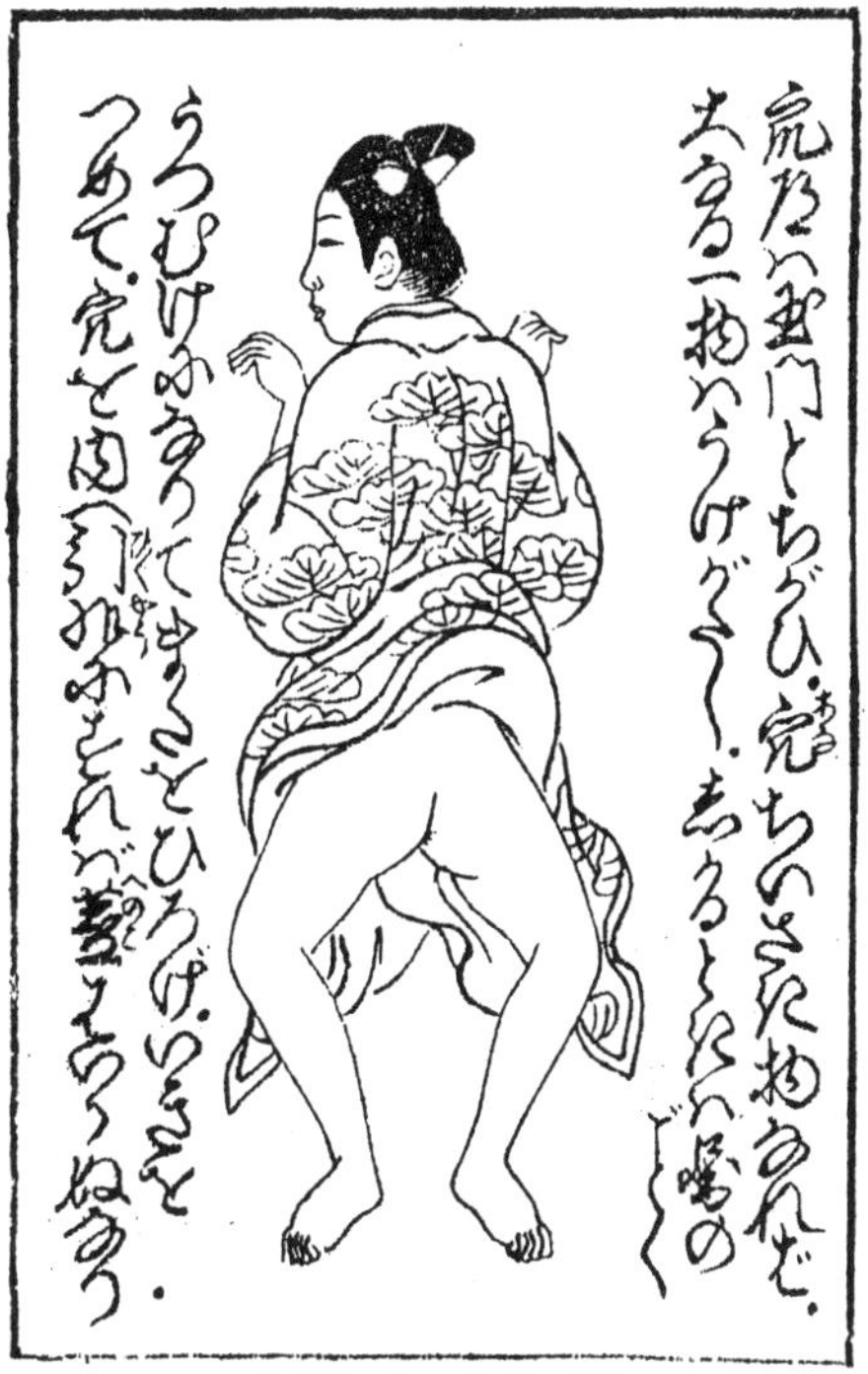

衆道初交の体位の図
（『艶道日夜女宝記』）

付けた棒を使用すると書かれている。段階が進むにしたがって、巻き付けた布の太さを増して行くのである。

また、数丁後に若衆を俯《うつむ》けにした姿が図示されている（前頁参照）。これは肛交の初交の図で、そこには、

衆道は玉門と違ひ、穴《あな》小さき物なれば、大《だい》なる一物は受《う》け難《がた》し。しかる時は、図の如くうつむけになりて股《また》を広げ、息《いき》を詰《つ》めて、穴を内《うち》へ引《ひ》くやうにすれば、茎入《へのこはい》りぬなり。

と注記がある。本書は、男色の指南書としても秀逸である。

五、床入の心得

色道奥義を詳細に纏めた『百人一出拭紙箱《ひゃくにんいっしょくしばこ》』（安永期―一七七三頃）にも、男色について詳細な説明がある。男色は、衆道《しゆどう》・若道《にやくどう》・男道《なんどう》などと称されるが、ここでは「若道」としている。それは、男娼などの陰間や舞台子との取り組みでは無くて、念契《ねんけい》（念者としての契り）についての伝授だからである。その真に迫った説明は、性愛文化の一端として一読に値する。そして挿絵には肛交を行っている八態が示されている。

先ず、精神的なありようを説いた後に、いよいよ技法に入る。

扨《さて》、床入の心得は、とかく荒《あ》ら気の振舞《ふるま》ひあるべからず。殊《こと》に十四五歳の小人《しょうじん》は、おいど痛むことを嫌がるものなり。此時は山椒の粉を少し唾にて、穴に差し込み候べし。しきりに痒《かゆ》み出《いず》るなり。其時、そろそろとあしらいて行ふべし。痒みに引《ひか》れて痛みを堪《こら》ゆるものなり。

初交に際して、山椒を挿入するという秘法は、本書に先立つ八十年前の『好色旅枕』に述べられているが、次第にこの法が知れ渡ったものと思われる。

次に、受け手の若衆側の作法である。

扨、床入前には雪隠《せっちん》に行き、穴《けつ》に唾を塗り、内までよく濡らし、さて出て、手洗ひ着る物を振るひて雪隠の移り香せぬやうにし、口中をうがひし、懐中の海蘿《かいら》丸《がん》を取り出し、よく噛みしめて、念者《ねんじゃ》に見せぬやうに肛門にも、兄分《あにぶん》の一物《いちもつ》にも塗《ぬ》るべし。

さて、床の内にて向かい合《あわ》せて伏《ふ》し、兄分の顔を抱《かか》ゑて口を吸はせ、其後《そののち》、帯解《おびと》きてうつ向《む》きになりたる時、かの丸薬《がんやく》を用《もち》ゆるなり。兄分の鼻息の荒く成りたる時、顔を捩《ね》じ向《む》けて口を吸はすれば、兄分気《き》を早く遣《や》るものなり。

さて、とくと始末して、片手に揉《も》みたる紙を持ち、静かに兄分の一物を拭《ぬぐ》ひ、其紙《そのかみ》を我が肛門に当て、暫《しばら》く噺《はなし》などして、其後《そののち》静かに床を出て帯《おび》をすべし。兄分の側《そば》にて帯をすれば、裾《すそ》のひらめきにて悪香《あしきか》などすれば、愛想尽きるもの也。

さて、それより雪隠へ行くべし。兄分のしくみたる淫水《いんすい》を下すべし。不精《ぶしょう》を構《かま》へてそのまに居《い》れば、痔を患《わずら》ふものなり。淫水、滞《とどこお》りあれば若衆の為毒《ためどく》となる也。必ず早く下すべし。

雪隠は近き所へは行くべからず。淫水を下す音、びちびちと鳴ることおびただしく聞こゆる

若道心得之事
（『百人一出拭紙箱』）

ものなれば、ほど遠き雪隠に行くべし。

受け手の心得であるが、実に現実的で、しかも経験的で希有な伝授である。「海蘿丸《かいらがん》」は、海蘿《ふのり》を煮て絹ごしにし、豆粒ほどに丸めて天日に干し乾かしたもので、必要時に唾で溶いて潤滑剤にするものである。上方で多く用いられているが、江戸地方では「通和散」が常用されている。行為後の作法は微細なほどに説かれ、特に糞便の臭気を感じさせないように配慮せよ、と述べており、また事後の雪隠での始末についても、近いトイレには行かぬ事と諭している。「淫水を下す音、びちびちと鳴ることおびただしく」とは、まさに迫真の描写で、臨場感に溢れている。

六、快楽を享受し合うところ

『閨中紀聞《けいちゆうきぶん》 枕文庫《まくらぶんこ》』（初編、文政五—一八二二）は、現在、四編までは知られているが、その後の出板については詳細不明である。散逸した各編が綴じ合わされて、表紙に勝手に篇数が記されているため、ここでは四編本を拠り所にする。性愛文化の百科全書である本書には、堂々たる男色論が展開されている。二編には、次のようにある。

衆道の論。漢《かん》に是《これ》を非道《ひどう》といひ、変道《へんどう》といふ。吾俗兄弟分《わがぞくきようだいぶん》の誓《ちかい》といひ、衆道《しゆどう》といふ。世々《よよ》女色の戒《じよしよくいましめ》はあれど、男色《なんしよく》にいたりて禁《きん》なきは不審《いぶかし》。其着《そのちやく》する所は、愛欲頗《あいよくすこ》ぶる女色《じよしよく》よりも重

頑童《かげま》買《かい》之《の》図《ず》（『閨中紀聞　枕文庫』）

し。箴《いまし》むべき事なり。諺《ことわざ》に空海《くうかい》に始《はじま》るといふは誤《あやま》りなり。周《しゅう》の穆王《ぼくおう》は慈童《じどう》を愛し、菊座《きくざ》の名を広《ひろ》くし、漢《かん》の高祖《こうそ》は籍孺《せきじゅ》を愛して、秦《しん》の後門《こうもん》を破れり。尚書《しょうしょ》に頑童《がんどう》を近づくる事なかれと戒《いまし》め給ひしも、弥子瑕《びしか》、董賢《とうけん》、孟東野《もうとうや》が類《たぐい》あり。皇朝《こうちょう》にも道祖《どうそ》の王《おおぎみ》、侍童《じどう》に通《かよ》ひ給ひしことあり。弘法大師は渡天《とてん》のみぎり、流砂川《りゅうさがわ》の上《ほとり》にて、文殊《もんじゅ》と契《ちぎり》給ひしより、文殊には支利菩薩《しりぼさつ》の浮名《うきな》をながし、空海師《くうかいし》は衆道《しゅどう》の祖師《そし》と汚名《おめい》をとどめたり。真雅阿闍梨《しんがあじゃり》に業平《なりひら》あり。建長寺の僧自休《じきゅう》に児《ちご》の白菊《しらぎく》あり。後醍醐帝《ごだいごてい》に隈若《くまわか》、直実《なおざね》に敦盛《あつもり》、僧正坊《そうじょうぼう》に牛若《うしわか》、文覚《もんがく》に六代《だい》御前《ごぜん》、信長《のぶなが》に蘭丸《らんまる》が如《ごと》き、古今枚挙《ここんまいきょ》に遑《いとま》あらず。五雑俎《ざつそ》に仏教を引ていふ。人の身《み》うちに淫《いん》を受《う》くる処《ところ》七ケ所あり。前陰後竅《ぜんいんこうぐ》（シリノアナ）および口《くち》と両手《りょうて》と両足《りょうそく》の彎《ひつかがみ》なりといへり。天竺《てんじく》は西《にし》の夷《えびす》なれば、口をもて求をうける事ありと見へたり。口にて人の唾《つばき》を受けるものもあり。ことさら牛糞《ぎゅうふん》を尊《とうと》み、或は獣《けもの》とも交《まじ》はる事ありといへば、口《くち》をもて便溺《べんでき》をもうける事、何ぞ又恠《あや》しむに足《たら》ん。

古今東西の男色の歴史を披瀝している。男色に限らず、快楽を享受する箇所は「前陰後竅《ぜんいんこうぐ》および口《くち》と両手《りょうて》と両足《りょうそく》の彎《ひつかがみ》なりといへり」（前門・後門・口・両手と両足の折れ曲がる所の七カ所）と論述しているのは、壮絶でさえある。そして、舐陰や吸茎にまで言及し、「口をもて便溺《べんでき》をもうける事、何ぞ又恠《あや》しむに足《たら》ん」と述べ、人間の快楽追求の原拠的な様相にも触れている。

七、若衆買の秘事

肛交を行う側の立場から、その心得を述べている。これも二編にある一節である。

世に陰童《かげま》に逢《あわ》ずして漫《みだり》に男色を誘《そし》るものあり。いまだ佳境《かきよう》に入《いら》ざれば、いかでか其愛情《そのあいじよう》を知ることあたはざらん。一度契《ちぎり》をむすぶ時は、婦人よりも愛欲《あいよく》あつし。もとより逆縁《ぎやくえん》の竅《あな》なれば、自《みずか》ら得心《とくしん》せざれば、へのこを受ける事かたかるべし。其得心するのは、則《すなわち》愛情の女《じよ》色《しよく》にかはらぬ故なり。されば女陰《じよいん》と違《ちが》ひ、男根《なんこん》を入れること、深からしめずして、抜き差し手荒く為《なす》べからず。まづ犯《おか》さんとする前より、能情《よくじよう》を通《かよ》わして、若衆にてもかれが陰所《いんしよ》をいぢり、とくと其身《そのみ》に淫欲《いんよく》をおこさせて、さて其上《そのうえ》にて唾《つば》を多く付けて行ふべし。始めより痛むことなければ、ともに精《せい》を漏《も》らすものなり。男同士の情言《じようげん》あれども、あらはに紙上《しじよう》には筆《ひつ》しがたし。

江戸の末期の頃なので、この頃はすでに男色は陰間との交渉が殆どであった。これは、地若衆との肛交では無くて、陰間との肛交の得心を述べたものである。女陰とは異なり、深く挿入してはならず、抜き差しも激しくしてはならぬと言う。互いに手淫して性欲が高まってから、唾を用いて潤滑にさせて行うことが肝要なのである。

八、事後、男茎の鉢巻を防ぐ

『色道禁秘抄』（天保五―一八三四）は、色道の技法を漢文調の問答体で述べたものである。質問に対して、それに答えるという形式である。

第四十五回は、男色についてである。

問《とい》て曰く、先生、女色《にょしょく》に明《あき》らかなれば、男色《なんしょく》にも長じ玉はん。何《いつ》の頃《ころ》より始りて、又御するにも口授《くじゅ》ありや。

つまり女色に精通しているのであるから、男色についても詳しい筈である、ここにお伺いするというのである。男色の秘伝があれば、教えて頂きたいと問う。この問いを見ると、天保の頃に至っても、色道は二つという観念があったことがわかる。そして、和漢の男色の歴史を述べた後に、次のような記述がある。

予、此道に暗《くら》けれど、男色家の口授《くじゅ》に預《あずか》りし事あり。忌《い》む可《べ》きは、鉢巻《はちまき》とて大便の亀頭《かり》に付て出る事あり。是を避《さく》るには、茎を抜《ぬ》かんと思ふ時、尻を強く措《つめ》る可《べ》し。痛《いた》む故《ゆえ》、思はず尻をしぼむ。其時《そのときぬ》抜き出せば、右《みぎの》鉢巻の患《うれ》へなしとかや。未《いま》だ試《こころ》みざれども妙論《みょうろん》也。

さすがの色道の先達も、この男色の道には精通していないと述べ、自分が伝え聞いた秘伝の一つを紹介している。肛交して、一番困ることは糞便が雁首に付着することであり、それを避ける秘法として、射精後、肛門から引き抜く時に、相手の尻を強く抓るのがよいとしている。相手は痛みのために尻を窄《すぼ》めるので、糞便が付着せずに抜けるということである。男色常習者の経験的な技法なのであろう。

九、かえって大茎を自由にする

続いての講話は、「肛門反《かえっ》テ大茎ヲ自由ニスル事」である。女陰よりも肛門の方が、大きな男根でも受け入れられるという説である。

問《とい》に曰く、肛門《こうもん》は陰戸と違ひ、大茎は這入《はいり》がたく、且疼《かついた》み堪難《たえがた》くあらん。答て曰く、始は狭《せまく》ても菊座《きくざ》の皺《しわ》のびるに従《したごう》て、何程《いかほど》にても広がる事、陰戸より甚し。世俗、玉門の皺を四十八襞と云。肛門の皺は其数多く、且横骨交骨《かつおうこつこうこつ》の邪魔《じやま》無《な》ければ、入れ物の大きさ程《ほど》、広《ひろ》がる也。陰戸も大小茎に従《したごう》て、広狭自在《ひろせまじざい》なるは手に莫大小《めりやす》をはめるに同じ。因《より》て子を産《うむ》なり。是如《かくのごと》く告《いう》ても疑《うたが》ひあらば、妓娼《くろと》の交《まじわ》るを得《え》ぬ大陰の人に、野郎を迎《むかい》させて試《こころ》み可し。辞《じ》する輩《ともがら》一人も無き也。

この説は、膣は横骨交骨が邪魔をして、一定以上の太さのものは入れられないけれども、肛門

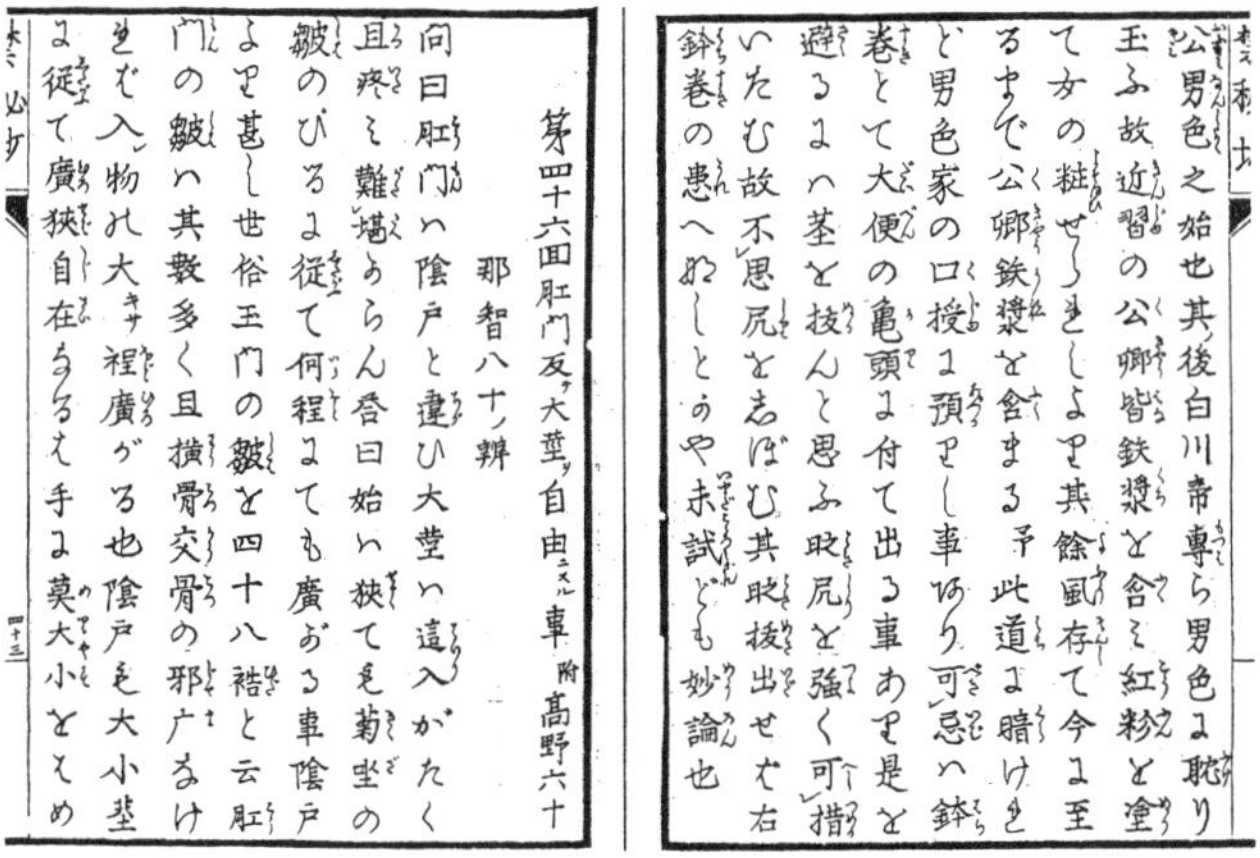

公男色之始也其後白川帝専ら男色に耽り
玉ふ故近習の公卿皆鉄漿を含み紅粉を塗
て女の粧せられしより其餘風存て今に至
るまで公卿鉄漿を含まる　予此道に暗けれ
ど男色家の口授に預りし事あり可忌は鉢
巻とて大便の亀頭に付て出る事あり是を
避るには茎を抜んと思ふ時尻を強く可措
いたむ故不思尻をえぼむ其時抜出せば右
鉢巻の患へなしとのや未試ども妙論也
第四十六回肛門反ッ大茎ッ自由ニスル事 附 高野六十
那智八十ノ辨
問曰肛門は陰戸と違ひ大茎は這入がたく
且疼き難堪あらん答曰始は狭て菊坐の
皺のびるに従て何程にても廣がる事陰戸
よりも甚し世俗玉門の皺を四十八襞と云肛
門の皺は其数多く且横骨交骨の邪广なけ
ればむ入物れ大キサ程廣がる也陰戸も大小茎
に従て廣狭自在なるを手に莫大小をとめ
禁秘抄
四十三

男色論（『色道禁秘抄』）

はそれ以上に太いものを受容すると言う。娼婦でさえも辞するような巨根でも、男娼は苦もなく受け入れると説いている。玉門は四十八襞、肛門はそれ以上の襞数があるという説は、面白い。

第十二章　『秘事作法』にみる御殿女中の性の奥義

一、各藩の奥の御殿女中たち

江戸の庶民ではなく殿様と奥女中の性生活をうかがい知るために『秘事作法《ひじさほう》』という書が参考になる。著者は秀麗尼《しゅうれいに》という女性である。時代は江戸初期の承応期（一六五二頃）と推定される。秀麗尼は、備州岡山藩の池田侯の奥御殿に仕え、殿のお手つきとなり、子供を生まなかったために、御殿を出て剃髪したものと思われる。

当時は江戸城のみならず、各藩の城内に奥が存在した。そこに勤めている女たちは、雑用係の御殿女中はともかく、一度でも殿の寵愛を受けた女は、奥の秘密を知る者として、実家に帰って自由な生活をすることは許されなかった。先君の菩提を弔うという名目で、出家させられるのが常であった。

彼女は、尼になってから、自己の体験を綴るとともに、奥に起居する御殿女中たちに秘伝を指南するために、『秘事作法』を書いたのである。しかし、門外不出の秘伝であり、奥の秘事を認《したた》めたものなので、もし外部の人間に読まれることがあっても、意味が通じないような語彙を連ねていた。

二、若殿の性の養育と御殿女中の奉仕

まず、上の巻は、御殿女中たちが、幼少の殿の性器を鍛える方法を述べている。

「その一」では、幼少君は五歳で割礼し、七歳で包皮を剝く。十歳になったら、会陰の按摩を丹念に行ない、男根を布で固く巻いて鍛える。これは、すべて御殿女中の作法で、幼少君に施す。

「その二」では、十二歳になった殿の男根を、指で擦るだけでなく、「時にありて、宝茎を深く口に含みて、宝頭をのど奥に入れ、宝茎を強く吸う。続いて、宝首を舌にて撫で、強大とならば、舌にて宝眼を押さえ、宝首を締めゆるめして、片指にて宝丸を伸ばし、揉む。騒水出でなば、直ちに止め、強く宝茎を握り、片指にて下腹より宝茎根元に、上下に揉む也」とある。御殿女中が殿の玉茎を口に含んで吸い、喉の奥まで入れ、先走り《さきはし》の淫水《いんすい》が出たら、すぐに止めて根元を揉む法、次いで乳の間に挟んで揉む法、さらに梅汁をしみ込ませた布で男根を巻く法を説く。

「その三」では、十三歳になった殿は、精水が出るようになるので、御殿女中の性器に挿入させ、精水を止める方法を施す。殿は一切、体を動かさず、女だけが奉仕する。女の口の津液《しんえき》は、殿の五臓の滋養となるので、殿に吸わせる。

「その四」では、御殿女中たちは日課として、殿に奉仕する。殿は一日に一回、奥方と交合し精

を洩らす。殿が射精するのは、奥方のみで、濃い精水が出るように御殿女中たちは奉仕する。御殿女中と殿の交合はよいが、殿の射精を受けてはならない。殿の男根が役に立たない場合は、女が数人がかりで強大にさせ、女の精水を口で吸わせることは、殿の五体の補益《ほえき》のためによいと説く。

「その五」では、殿と交合する奥方を助け、手伝う方法を述べる。殿の濃い精液が出るように助け、奥方が嬌声を出すのはよいが、御殿女中たちはけっして声を発してはいけない。殿が奥方に射精したら、御殿女中たちは、その双方の性器を口で拭って清める。殿と奥方の交合が成就することを「蓮華至徳の解脱《れんげしとくのげだつ》」という。

以上が「上の巻」で、ここで一貫しているのは、殿と奥方に対する奉仕の作法の伝授であり、体液である唾液や性器から浸出する愛液は滋養になるので、体内へ戻すという行法である。

三、指と紅丸型《べにまるかた》による女の独楽の法

「中の巻」は、性交渉をする機会が少ない御殿女中たちに、一人で精を洩らす法の伝授である。著者によれば、女の健康の保持のために、性器の深奥から精水を洩らすことが秘訣であると強調している。現代流に考えて、「騒水」は尿道口脇からのスキーン氏腺液と膣口脇のバルトリン氏

『柳樽余興末摘花』（安政５頃―1858頃）

腺液であり、同時に膣液をも指していると思われる。「精水」は子宮頸管液のことであろう。

「その一」では、自慰の初歩として、厠《かわや》で唾を丹念につけて、指で性器を弄する法を説明する。

「指先を固くして、さね下うけ口よりさねひらへ、さねひらよりさねたれへ、さねたれよりつぼ口へを繰り返して、いとも早くこする」とあり、これを二百回ほど行なう。「さすれば、つぼ口盛り上りて、一息に精でんとして腹締まり、つぼ口固く締まる。その時、つぼ口花心に指を軽く当て、両股締めなば、大きくつぼ底脈打ちて、精水、心頭に震えて出る」とある。

語彙の解説をすると、「さね下うけ口」は「膣口」、「さねひら」は「陰唇」、「さねたれ」は「陰核」、「つぼ口」は「膣」、「花心」は「子宮口」、「心頭に震えて」は「頭の芯まで快感の波が響いて」という意味である。

「その二」は、厠へ入って、便壺の枠蓋に座り、前板を尻と背のもたれとし、自製の張形を使う法である。簪《かんざし》や帯留《おびどめ》に紅布《べにぬの》を巻いて、太さ一寸（径約三センチ）ほどにする。この男根の代わりを「夢情留心《むじょうりゅうしん》」と呼ぶ。張形の隠語である。

まず、指の腹で陰核と陰裂を百回ほど撫で擦り、「宮内に騒水出る様になれば、口に含みたる夢情留心は、つばにて湿りあれば、指にて持ち、さね下うけ口よりさねたれに向けて、宮内に深くさし込む」とあり、その擦りを二百回ほど行ない、九浅一深すること三百回ほど、五体が痺れてきたら、さらに三百回ほど擦ると、「一息に精水出んとして、つぼ口花心一度は強く締まり、口開かんとする。この時、素早く根心の一こすり、強くさし込みなば、花心開きて、精水強く飛ぶが如く出る。口に含みたる布食いしばり、凡そ五息、六息にして止まる」という。絶頂感を覚えても、けっして声を出してはならないので、布を食い縛って単独の愉悦に耐え浸るのである。

「その三」では、長く正座で伺候《しこう》している時に、密かに小さい張形を使って行なう秘法をいう。「これ、法あり。即ち、紅丸型《べにまるかた》（小形の張形）こすりは、須《すべから》く前後也。上下にこすりなば、身体ゆすり、衣ゆすりて、見苦しく未熟也。同座の者、隣にて行礼なすも、介して申さず也」と、細心の注意をしている。座ったまま行なう場合は、体が揺れないように、前後にだけ擦ることを指示し、もし同座の女が自慰を行なっていても、知らぬ振りをすべきであると諭す。

「その四」では、廊下や庭先で日中立って伺候する時の、立ったまま行なう法である。「少しく両足を開きて、少しく前にかがみ、片手で前帯締めに指をかけ、そでたもとを大きく広き前に覆う」と、その姿勢を示し、あらかじめクルミ玉を膣内に入れて置くことを指示している。

「兼ねて、つぼ口に入れ置きしクルミの実、このクルミの実、他人の物を所用せざるが作法也」とある。削って油で磨いた個人専用の物を用意し、貸借してはいけないと注意する。「指先、さねうらはもとより、さね下うけ口まで届きなば、さねひらこすれば、クルミ玉つぼ口をたたき、さねうらを擦れば、クルミ玉花心をたたく」とあり、二百回ほど擦ると先走りの水が出る。また、

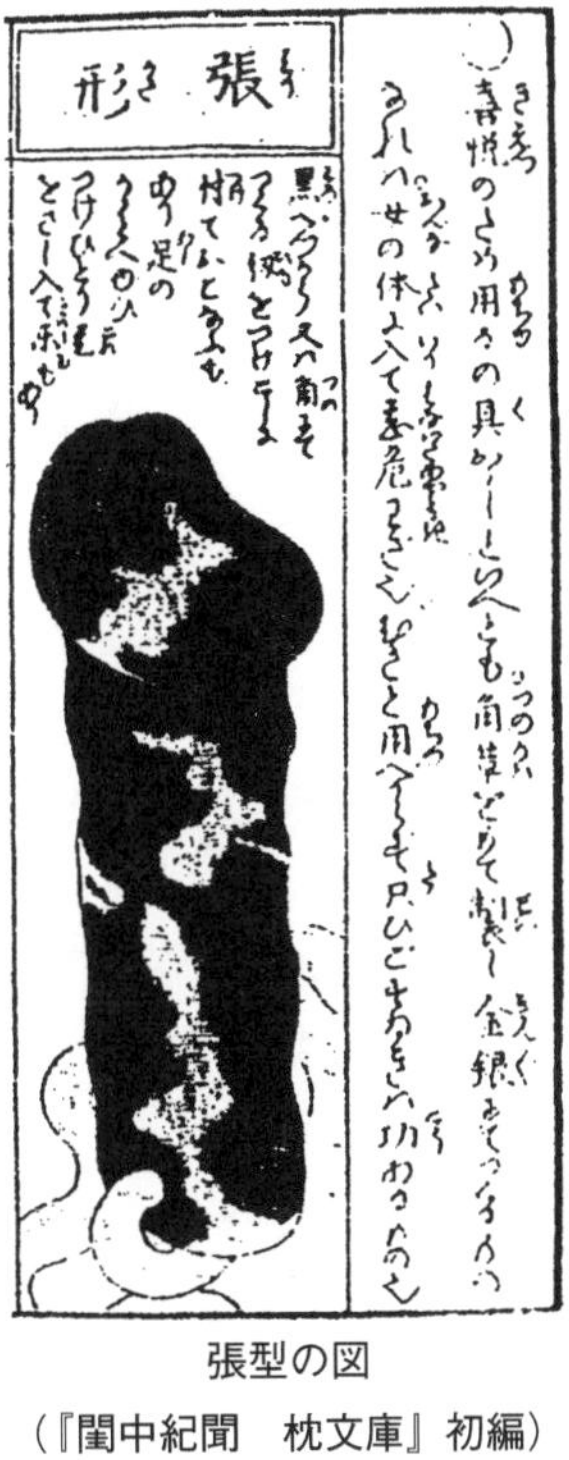

張型の図
（『閨中紀聞　枕文庫』初編）

百回擦ると「つぼ口花心せり上がり、固くなる」ので、再び陰核裏面を強く百回擦る。立って行なう法は、もどかしげなので、両足の前後左右の置き換えは素早くし、陰核裏面の擦りを強め、陰唇で強く締めることを指示し、さらに「二つ指」にて擦り揉むこと三十回ほどすると、「花心一度は締まり力んで、一息に開きて精水飛び出るなり」と述べている。この抶擦《かいさつ》の回数の多さには唖然とさせられ、交合では男はこれだけは保ち得ないと痛感させられる。

四、張形の寸法とその使い方

「その五」は、自分用の張形の製法を説明している。わらび湯または葛湯に紅絹布《べにきぬぬの》をよく浸して丸め、乾かし、幾重にも巻いて、太さ一寸強（約三センチ）、頭部一寸五分（約四・五センチ）、つけ根に性毛を束ねて、先端より下五寸五分（約十六センチ）に丸く縛る。ここまでが膣に挿入する部分である。つけ毛より下一寸を残し、この部分は把手となる。わらび湯または葛湯で幾重にも固く巻いた物なので、「所用、湿り、騒水含みなば、まして固く締まり、十二分張りて太くなり、いささかもゆるみ折れる事なし」という。これを使う場合には、「四半刻」（約三十分）の余裕を取る。

まず、「夢情留心」の頭部を口一杯に含んで、片手は乳を揉み、片手は性器を五十ほど擦る。

その後、百回ほどで「さねたれ、少しく固くなりなば、口に含みたる夢情留心を持ちて、さねひらよりさねたれうらへとこすり上げ、深くつぼ口に入れる」とある。

およそ百ほど擦ると、先走りの水で潤うので、大きく抜き差しすること三百回行ない、さらに一杯に深く抜き差しすること二百回、これは九浅一深である。騒水の音がするようになったら、乳揉みを止め、その指で陰核を腹上に向けて擦り付け、張形とともに二百回擦る。「尻を上下左右に回しをなさば、さねたれをあげて置きたる指にて、さねたれうらを強く早くこする。これ、片手の指を早くして、夢情留心を遅くする」という技法である。

これをまた二百ほど行なうと精水が出そうになるので、気を持たせるために、「騒水、殊の外多かれば、夢情留心を抜きて取り、口にてぬぐい取る。これ、先玉露水《ぎょくろすい》にして、これ得がたきものなれば、口にてぬぐい、心肝《しんかん》に戻す可し」と指示する。

そして枕台箱《まくらだいはこ》の頭当たりを外して二つに分け、その間に夢情留心を立て、尻を落とすようにして再び挿入する。指で陰核を擦ること三百回、九浅一深すること二百回。「尻を引く如く、大きく力を込めて抜きさしして、両股、尻穴を締め、夢情留心を深く花心に当てなば、直ちに尻穴あけ締めして、強く精水出て気の遠くなる。これ法也。五体震いて、凡そ五息、六息にて止まりなば、猶も、夢情留心を花心に当てたまま、尻を上下して抜きさしする」とあり、完全に濃い精水が出るまで努めることを勧めている。「猶も五体打ち震えるも、歯を食いしばり続けなば、花心しびれて、あと一息、二息の精水出ずるなり。暫くして、夢情留心をつぼ口にさしたるままに、仰向きて、夢情留心を抜き、口にて精水をぬぐい取る」とある。

ゆみじかけ

かたてづかい

わきづかい

（『艶女色時雨』）

「その六」では、さらに自慰の高度化を述べ、刺激の強い「有情発心《うじょうほっしん》」の礼法を説く。油、粉、小豆《あずき》、線香、鈴、毛、糸、鮫皮《さめかわ》、細布の使用である。微《び》に入り細《さい》を穿《うが》った行法である。

五、女二人で行なう方法

「その七」は、「己《おのれ》が所用をなすを、他人に所用せしむるがならいにて、佳《か》なるはこれに過ぎざるはなし」と述べ、独りで行なう行為を他人にしてもらうのは、絶佳であるという。歳のいった女と若い女との一組が理想的であり、年長者は経験豊かであるため、その行為により病や怪我を被らないと諭す。

張形は「初法のものを二つ合わせたものにして、下一寸は無く、双方五寸五分。真中に多くつけ毛束ねあり。毛先は、各々の頭に向かいあるなり」とあるように、「互《たが》い形《かた》」を用いる。

まず「向いて寝なば、双方、片手で乳を揉み、片手にて同じく人の宮を、さねたれ、

互い形の図
(『艶道日夜女宝記』)

軽く撫でこする也」とあり、相互に刺激し合う。この擦り合いを百ほど行ない、性器が湿ってきたら、陰核裏面から膣口辺を二百ほど擦り合い、陰唇を開け締めすると、愛液が満ち溢れるので、その時から「互い形」を使用する。「双方より、さね下うけ口より騒水すくう如くに深く入れる。もとより、この度の夢情留心やや太ければ、宮一杯に入る也」と説明し、いよいよ凄まじい行為の伝授となる。「宮」は女性器の、本書における隠雅語である。

「双方は背より尻を抱き、一人は両足を開き、一人はその両足の中に入る。これにて抜けざる也。両股の中に入りたる者、初め大きくこすり上げるが如く、尻を前後に使う。その時、両股を開きたる者、その尻を持ちて前後を助く。凡そ三百程にて交互し、再び三百程を、双方、尻を前後左右にこする如く使う。この時、騒水さね下うけ口にたまるなれば、双方、小さく尻を使いて深く押しつけ、つぼ口にあたるを確かめ、尻穴を締めて回す事凡そ二百程にて、騒水音をたて始むなれば、双方が指にて鐘音騒水《しょうおんそうすい》を取り、相互の口にてぬぐい取る」と、その基本形を述べる。「鐘音騒水」とは、張形の抜き差しの際の、ビチャつく淫水の音である。

　そして、強く早く百回ほど擦り、上下が入れ代わる。下にいる者は伸長位の姿勢で、両股を閉じて足を伸ばす。上の者は胸を反らして深く擦って三百回、また入れ代わって三百回、九浅一深の運動を行なう。

　下腹が締まって興奮が高揚したら、丸く回し擦りを百回ほどして、さらに張形を花心に当てて、双方大きく回し擦ること百回ほどすると、「さねたれ固く張り、さねひら波打ちて閉じるなれば、双方、歯を食いしばりて、息を止めて、強く早く抜きさし五十程せば、双方の花心一息に開きて精水出ずる。心肝震いて五体しびれ、口中の布固く食いしばれど、六息、七息は、夢情留心、双方の花心を強くたたきて息混じりなば、失気して活する。これ、礼法の極意也。この時、双方口をつけ、強く舌にてつば吸い取り合えば、失気を防ぎ、又浄妙飲《じようみよういん》の法にかなう也」とあって、何とも壮絶である。快感の波が全身を覆い、失神するという。「浄妙飲の法」とは、清妙な物を嚥下《えんげ》する法のことである。これは二人同時に達する法である。

次いで、一人だけが絶頂に達する法、精水が出ても、完全でない時の法、先に一人が絶頂に達し、すぐに他の一人が絶頂に至る法などが説かれている。

六、二人の女が交互に行なう法

「その八」は、双方作法の各式である。まず、寝て行なうには「一人、寝るに両股をそろえ、一人、上に重なり伏するに、下の者の両足に頭を向け、両股を開く。下の者、夢情留心を宮にたてるに、上の者、さね下うけ口より深くさし込む也。これ、双方のさねたれとさねたれうらをこするの行礼也。双方、深く、大きく上下する也。又、下の者、上の者の尻を抱き助く也」とあり、交合の逆上位のような体位である。

次は、座位である。「一人、座するに、尻高くせり上がる可く厚きものを敷き、両足を前に出

本手がた

ちゃうすがた

かたてづかい

あしづかい

（全て『艶女色時雨』）

す。背は後ろにもたせる。一人、両股を開きて、座したる者の宮、夢情留心立てるに、己が宮、さね下うけ口より深くさし込み、下の者の首を離れて抱く」と姿勢を述べ、「これ、長時の行礼にして、須《すべから》く礼法整う可し」と、長時間の行為に適すると注している。

次いで、立位である。尻を突き出した女の背後から行なう方法で、立向背位の体位で、「一人、両股を少しく開いて、夢情留心をさねひらより差し込み、前の者、尻を強く抱く。尻を使うに、両手にて尻を持ち上げ、己も又、尻を下より上へと突き合わせる也」とあって、体位として難しいのではないかと思う。これも長時間の行為に適すものであり、別の体位と組み合わせて用いるとよいと言う。

そして、この臥位《がい》・座位《ざい》・立位《りつい》の最後の注意として、「これ、何れもの行法、礼法は、前後して、精水出ずる事必定なれば、須く、己、又相手の乳揉み、双方の口つけつば吸う、さねひら、尻穴の締めゆるめの作法ありて整う也」と示唆する。とくに感心するのは、絶頂に至る寸前、またはその後、肛門を強く締めたり緩めたりすることを推奨している点である。これにより膣の括約筋の鍛練となり、交合の際の重要な技法の一つになるのである。

七、疲労回復のための秘伝

「その九」は、疲労していると、殿様への奉仕がおろそかになるので、常に秘法を行なうことが大切であり、そのための具体的な記述である。

まず「うずら卵、桜実、なつめ実を常に宮内に入れる可《べ》し。これ、解して、宮の滋養益となるなり。その折り、常に、さねたれうらにて締めの波打ちを行う可し。凡《およ》そ三、四日にして、宮より出して食する也。これ、みだりに出ずる心水の養生を、心肝に戻す必定也。再び、新しきこれら、宮に入れる。凡そ一月にして、元に戻る也」とあり、心労が嵩《かさ》んだ時の法である。

また、「時にありては、他の者より騒水を受け、己が宮に入れる也。時にありては、他の者より、己が宮を口にてなめ参らし、治する也。時にありては、半刻、天道にさらし当て、宮の内、表、等しく揉み参らす也。時にありては、さねひら両わき毛そりて、毛伸びるに、痛しのしびれを与え、油塗り置く也」と、諸法を伝授しているが、現代の性医学的に見れば噴飯ものであろうが、奥深い御殿でこれらの法が隠密に行なわれていたと考えられるので、その真摯さは驚嘆に値する。

膣内に入れた鶉卵やサクランボや棗《なつめ》の実を取り出し、こっそりと食べたり、他の女の愛液を自分の膣内に入れたり、他の女から性器を舐めてもらったり、性器を太陽に晒したり、剃毛して、それが伸びる痛さの刺激を覚え、油を擦り込むという所作は、想像するだけでも、凄惨である。

八、性器の各部の鍛練の奥義

「その十」は、最後の奥義である。最初は陰核を大きくする法である。

「さねたれ強くして大なるは至宝にして、げに、礼法整わざるは、一になし」と述べ、初法として「精水出でんとする時、さねたれ、小さく固きものなれば、素早く指にて、さねたれ頭を指にて強く上下にこすり合わせるの習いなり」とし、中法には「さねひら内より綿布をつめ、常にさねたれを上に向け、又さねたれ両脇より、さねたれ頭をはさみ置く也」と、その方法を詳述している。さらに上法として、「さねたれ両脇、線香火にて常に焼く也」と述べる。

次いで、陰唇の鍛練、膣口の鍛練と進み、究極は膣の最奥部の子宮口部分の締め付けである。

これは、綿頭に米粒か小豆を巻入れ、花心に当てて自在に動くように練習し、一ヵ月の習練をし、指先へしびれ薬を塗ってつぼ口を撫で、強く閉じる練習を二十日行ない、半年の作法が必要としている。このように、系統的に修練をした、女の伝授による、女が讃える性器は、次のようである。

「皮肉厚くして肥え、赤黒く盛り上がるに、げに固く締まりあり。又少しく湿りあり。又大小の皺深く、意の如く伸縮自在なり。つぼ口開けば、紅朱肉深く重なりて、つぼ口花心開けば、吸い取るが如く、閉じれば、如何様にても開く事なし」とある。

九、『秘事作法』の真実性

以上で、中の巻が終わる。下の巻は養補益《ようほえき》の作法で、現代でいう婦人病に罹らぬための留意事項とその治療法、強精剤の作製法等に言及している。

さて、女の自慰と女同士の性交渉の技巧を、このように体系づけて纏めた書は、他には存在しない。江戸の川柳では、江戸城の大奥の女中たちを「長局《ながつぼね》」と俗称して、その女たちが張形を使ったり、「互い形」を使って快楽に耽り合っているという句が、たくさん作られている。

長局我が手によがる痛ましさ（明六松4）

刺し通し刺し通される長局（安元義5）

これらは、かねがね作句者の男たちの好色性の想像の産物だと思ってきた。しかし、『秘事作法』の記述を読むと、これは本物だな、と痛感せざるをえない。大奥から民間に戻って生活した女たちは、かなりの数に上る。自己の経験や見聞を黙して語ることはなかったはずであるが、亭主との寝物語に、大奥の経験の片鱗がふと洩れることもあったと推測される。その微かな情報が根拠となり、無慮《むりょ》数百句の川柳となって顕れ、その真実性を仄《ほの》めかし、その現実を揶揄《やゆ》したものと思われる。

第十三章　江戸の閨房秘具と秘薬

一、独楽用と閨房用

江戸における庶民の閨房秘具が実際にどうだったかを捉えることは、偽らざる人間の歴史的事実を容認することである。それは、とりもなおさず、江戸の性愛文化の一端である。

閨房用の秘具は、現代でいう「大人のおもちゃ」に相当するが、それは「淫具《いんぐ》」「珍具《ちんぐ》」「性具《せいぐ》」「秘器《ひき》」などと呼ばれ、「独り遊び」「笑い道具」「夜のもの」などとも称される。これらの秘具が使用されたということは、性交渉が単に生殖としての行動ではなく、純然たる快楽と認識された証である。

さて、閨房用秘具を分類すると、独楽《どくらく》（自慰）用と男女の閨房用に大別される。

二、独楽の男性用

独楽用は、手や指で弄するかわりに、より楽しみを深めるために考案された器具である。男の独楽は「千摺《せんずり》」「五人組」と俗称されるが、単に男茎を上下に擦るのが基本で、単純な運動である。したがって、男用の器具は、男茎全体を覆うか、または挿入する穴状のものになる。『松屋《まつのや》筆記《ひつき》』（文化十二頃〜弘化三頃—一八一五〜一八四六）に、「淫具に、はり形、あづま形とてあり。張形は女淫に比し、東形は男淫に比す。江戸両国の四ツ目屋にて売りひさぐこと有名也。宗鑑《そうかん》の『犬筑波集《いぬつくば》』に、あづまぢのたがむすめとかちぎるらんあふさか山をこゆるはりかた、と見えたるにて、はり形はその比《ころ》よりありけることを知るべし。あづまがたは、此の東路の云々の句によりていひ出し名なりとおもふべし」とあり、男性用としては、古くから「東形」「吾妻形」が知られている。古事記や日本書紀の神話によれば、倭建命《やまとたけるのみこと》が東征の際に、相模灘で嵐に遭遇し、妻の弟橘姫《おとたちばなひめ》が海神に身を捧げて入水し、海が静まったという説話があり、命《みこと》は陸地の高台から海を望見して、「吾妻はや」と妻を偲んだと言われ、それが地名になったと言う。そこで、女を思いながら自慰する道具を「吾妻形」と呼ぶという説もある。

日本武様御《やまとたけさまお》作《つく》りし吾妻形（九七7）

という当時の川柳がある所以《ゆえん》である。

この「吾妻形」の絵図として古いのは、『好色旅枕』〈江戸版〉（元禄八—一六九五）に載っている。そこには「吾妻形」と注されているだけで、説明はない。『閨中紀聞　枕文庫』（初編、文政五—一八二二）には、絵とともに説明が付せられている。それには「ここは鼈甲《べっこう》の薄きものを

『閨中紀聞　枕文庫』二編に載る「吾妻形をたのしむ図」（右）
と「張形を遣ふ図」

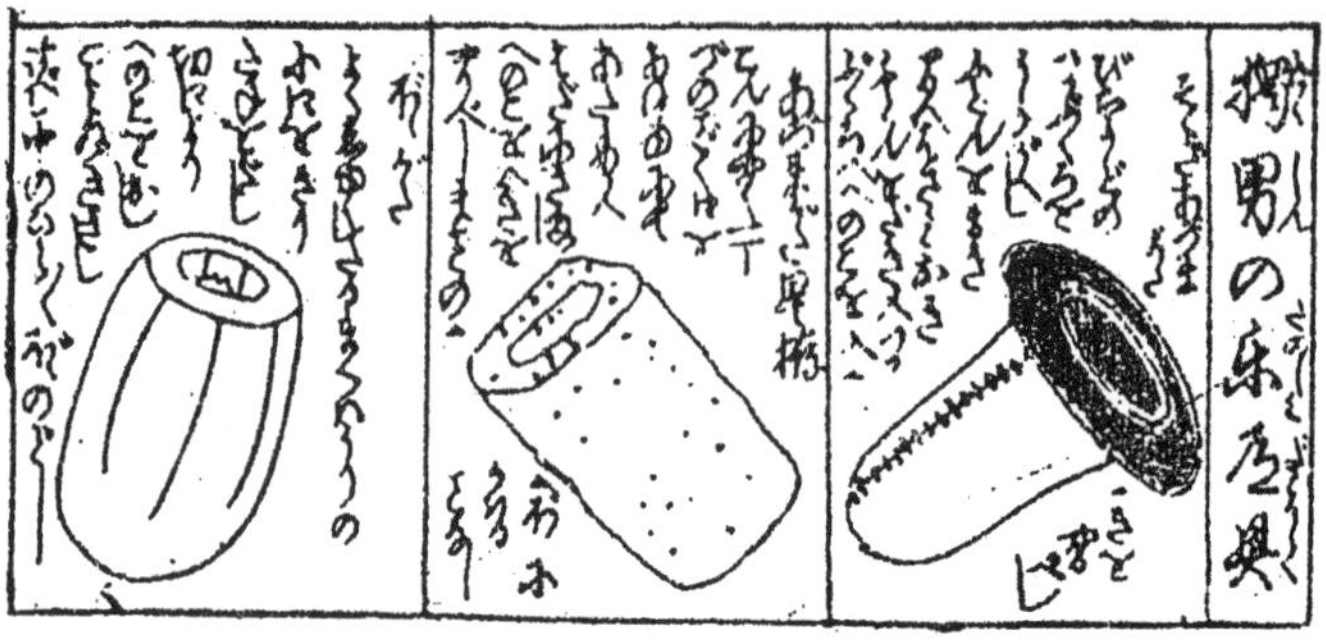

独男の楽道具。右から、そくざあづま形（びろうど製）、あづま形早拵
（蒟蒻を使用）、ぽぽ形（まくわうり製）。『全盛七婦玖腎』

以て張り合はせ、まらを両方より締めるが如くに作る。びろうどにて張り、包み作る。一人寝《ひとりね》の男のために作る具《ぐ》なり。淫水《いんすい》をびろうどに付けるべからず。しじまり落ちず」とある。最後の「しじまり落ちず」というのは、びろうどに精液が付くと、乾いて染み込み洗っても落ちないという意味である。

また、同書二編（文政六―一八二三）には、「吾妻形をたのしむ図」として、武士髷の男が丸めた布団に吾妻形を組み込んで、それに挿入している絵が描かれている。吾妻形の本来の使用法は、男茎に嵌めて手で持って動かすのではなくて、布団などを抱えるくらいの大きさに丸めて、そこに器具を設置し、挿入して腰を動かすものであったことが、この図から了解される。そして、吾妻形は専門の性具屋が作るので、値段もかなりなものであったと想像できる。

そこで、手製で簡略な吾妻形として、こんにゃくを使用することを推奨している。同書に、「間合《まにあい》吾妻形を製《せい》す」とあり、次のように説明している。「一挺《いっちょう》の蒟蒻《こんにゃく》に田楽の如く、はば広き串を貫《つら》ぬき、厚紙に包み、ぬく灰にあたため（又ゆでるも可《か》なり）取出して紙を去り、布に包みて吾妻形のごとく用ゆるなり。ぷりぷりすること、実に中年増《ちゅうとしま》の玉門に異ならず。用ひて後、土中《どちゅう》に埋《うず》むべし。漫《みだり》に捨《すつ》べからずとぞ」。手軽で効果的であると言っている。しかし、これは布団などに括《くく》り付けるのは困難なので、手弄することになるだろう。

さらに、『全盛七婦《ぜんせいしちふ》玖腎《くじん》』（天保十―一八三九）には、「独男《どくしん》の楽道具《たのしみどうぐ》」として、三種の手製具が絵とともに説明されている。「即座《そくざ》吾妻形。びろうどの柄袋《つかぶくろ》を、裏返し、布団を巻き、間へ挟み置き、布団を抱き〆《し》め、柄袋へへのこを入れ、気をやるべし」とあり、次に「吾妻形早拵《はやこしらえ》。

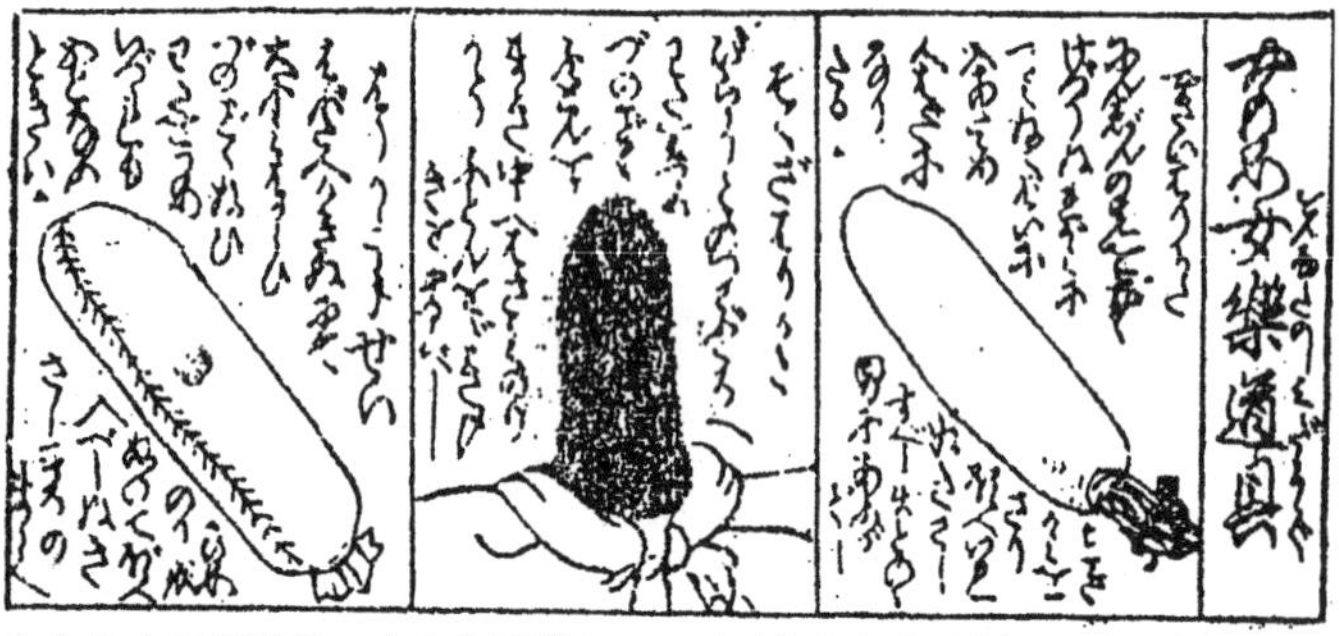

やもめ女の楽道具。右から野菜はりかた（人参を丸く削ったもの）、そくざはりかた（刀の柄の袋にわたをつめ、布団に巻きつけたもの）、はりかた手製（絹製）。（『全盛七婦玖賢』）

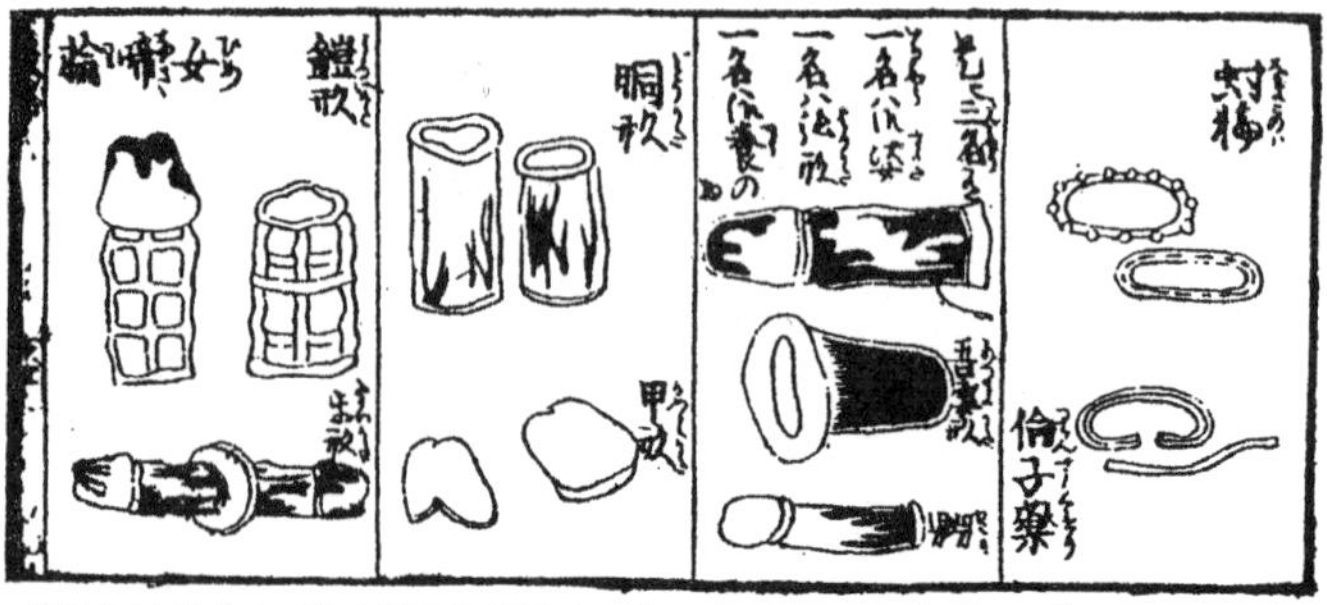

『好色旅枕』に載る閨房用秘具。右から２コマ目中央に「吾妻形」、上に張り形の三名「一名は御姿、一名は張形、一名は御養の物」の注記がみえる

こんにゃく一丁、図の如く口を開け、湯にて暖め人肌に冷まし、へのこを入れ、気をやるべし。まことのぼぼに変はることなし」とある。その次は「ぼぼがた」として「よく熟したる真桑瓜《まくわうり》の小口を切り、種《たね》を出し、切口よりへのこを押し込み、抜き差しすべし。中のひらひらぼぼの如し」とある。これによると、最初の「即座《そくざ》吾妻形」は腰を動かすタイプであるが、「吾妻形早拵」と「ぼぼがた」は手で持って操作するタイプである。

当時から、こんにゃくは男の独楽の定番であったことがわかる。真桑瓜は現代ではほとんど姿を消したが、この利用はまた一つの知恵であろうか。いずれにしても、行為後の後始末が大変であろう。

三、独楽の女性用

女子用で代表的なのは、「張形」である。『阿奈遠加志《あなおかし》』（文政五―一八二二脱稿）に次のようにある。「ならの京になりて、こまくだらなどの手部どもが、呉といふ国よりおほくひさぎいだす水牛といふものの角してつくりはじめたるは、さまかたち、きわめてうるはしく、わたを湯にひでて、其角のうつほなる所にさしいるれば、あたたかにこえふくだみて、まことのものとなにばかりのけぢめもなきを、宮仕の女房たちなど、いとめづらしとて、めでくつがへり給ふあまりに、男もすといふかはつるみといふことを、女もしてみんとて、やがて其具にばかり用ひ給ひしなり」

雅文調で優雅に「張形」のすべてを述べている。中国から朝鮮半島を経て渡来した水牛の角を用いて、「張形」は作られ、それは男茎にそっくりで、湯に浸した綿を空洞部に詰めると、暖かに膨れて本物と変わるところはないと言う。御殿勤めの奥女中たちが、それを賞美し、盛んに使用したと述べる。文中の「かはつるみ」は、男の自慰の古語である。

張形は、水牛の角や鼈甲《べっこう》で作られ、内部は空洞で、外側は極めて薄く作られている物ほど上等とされる。表面には滑らかな横襞などが幾条にも刻み付けられ、柔らかくて弾力性に富んでいたのである。

馬程《うまほど》な牛を局《つぼね》は持って居《い》る（二八21）

『好色旅枕』に絵があり、そこに「是に三名《さんみょう》有。一名《いちみょう》は御姿《おすがた》。一名は張形《はりかた》。一名は御養《よう》の物《もの》」と注記されている。したがって、張形の別称として「御姿」とか「御養《ごよう》の物《もの》」と言ったことがわかる。「御用の物」とも言う。

前出の『枕文庫』（初編、文政五—一八二二）には、絵とともに「張形。黒鼈甲、又は角にて作る。紐を付け、腰に付けて行ふもあり。足の踵へ結ひつけ、一人是をさし入れて楽もあり」とある。この使い方には、「片手《かたて》づかい」「片身づかい」「足づかい」「踵《きびす》がけ」「脇づかい」「弓仕掛《ゆみじか》け」「茶臼形《ちゃうすがた》」「本手形《ほんてがた》」など、さまざまなバリエーションがある。手だけで擦っても、遂情するまでに疲れてしまうので、足や踵に結び付けて、それに手を補助的に添えるのが普通である。

『艶道日夜女宝記』（明和期―一七七〇頃）には、使い方の図解が七種類ほど明示されている。また、張形の別種に、女が二人で双方に挿入して、男女の取り組みのように行なう物もある。これは、「両首《りょうくび》」または「互《たが》い形《がた》」と呼ばれる。『枕文庫』初編に図を掲げ、そこに「同両《おなじりょう》首《くび》」として「女二人、たがひにぼぼへ入れ、抱き付き、両方より腰をつかひて用る具なり。男女のまじはりにたがふことなし。互がたともいふなり」と記されている。『艶道日夜女宝記』にも、詳細な図解があり、「たがひがた。湯にてあたため、抱き合い使う也。女、たがひにつれづれの夜の、たはぶれもちゆる一曲の道具なり」とある。

この精巧な張形が手に入らない場合は、代用品を用いた。これも『枕文庫』二編に、次のように説明されている。「間合《まにあい》の張形を製伝《せいすでん》。張形といふもの、はした銭《ぜに》にて買《かわ》るるものにあらず。下女、婢《はした》の手には入がたし。女子十

張型に湯を入れるところ。「すがたの中ごみにゆをひたして入るる」とあり、湯を入れ人肌にして用いた。（『艶色色時雨』）

三四才にて、経水《けいすい》通して淫欲盛なるは天地自然の道理にして、男根《なんこん》の起《おえ》るに異ならねども、慎みふかければ、人にもかたらず、軽きは顔にでき物、皰《にきび》を生じ、重きは癆瘵《きのかた》の病《やまい》となることあり。恐るべし。されば此法を用ひて可《か》なり。野菜人参《にんじん》の手ごろなるを、かぶを去り、摺子木《すりこぎ》の如く削り、切紙《きりがみ》に包み、水にしめし、ぬく灰にさし込み置き、能《よ》く蒸《むせ》たる時、取り出して紙をむき、人肌に冷まして、張形の如く用ゆべし。さながら本物にひとしく、鼈甲細工にまされりといふ」

張形は高価なので庶民の女の手には入らないこと、十三四歳頃から月経が始まると、性欲が旺盛になるのは男と同じこと、一人悶々として気晴らしをしないと皰が出たり、重い場合には労咳《ろうがい》になったりする。だから、この代用品を用いて自慰するのは当然であると言っている。

下女ある夜大根でしぼり汁を出し（新七11）

この句では、自慰の道具に大根を使ったことを述べている。人参、大根以外に、長茄子、胡瓜、サツマイモなどが用いられたことが諸文献に見える。

四、閨房用の秘具

男女の閨房で使用した秘具にはどんなものがあったか。その一覧が『百人一出拭紙箱《ひやくにんいつししよくしばこ》』（安永

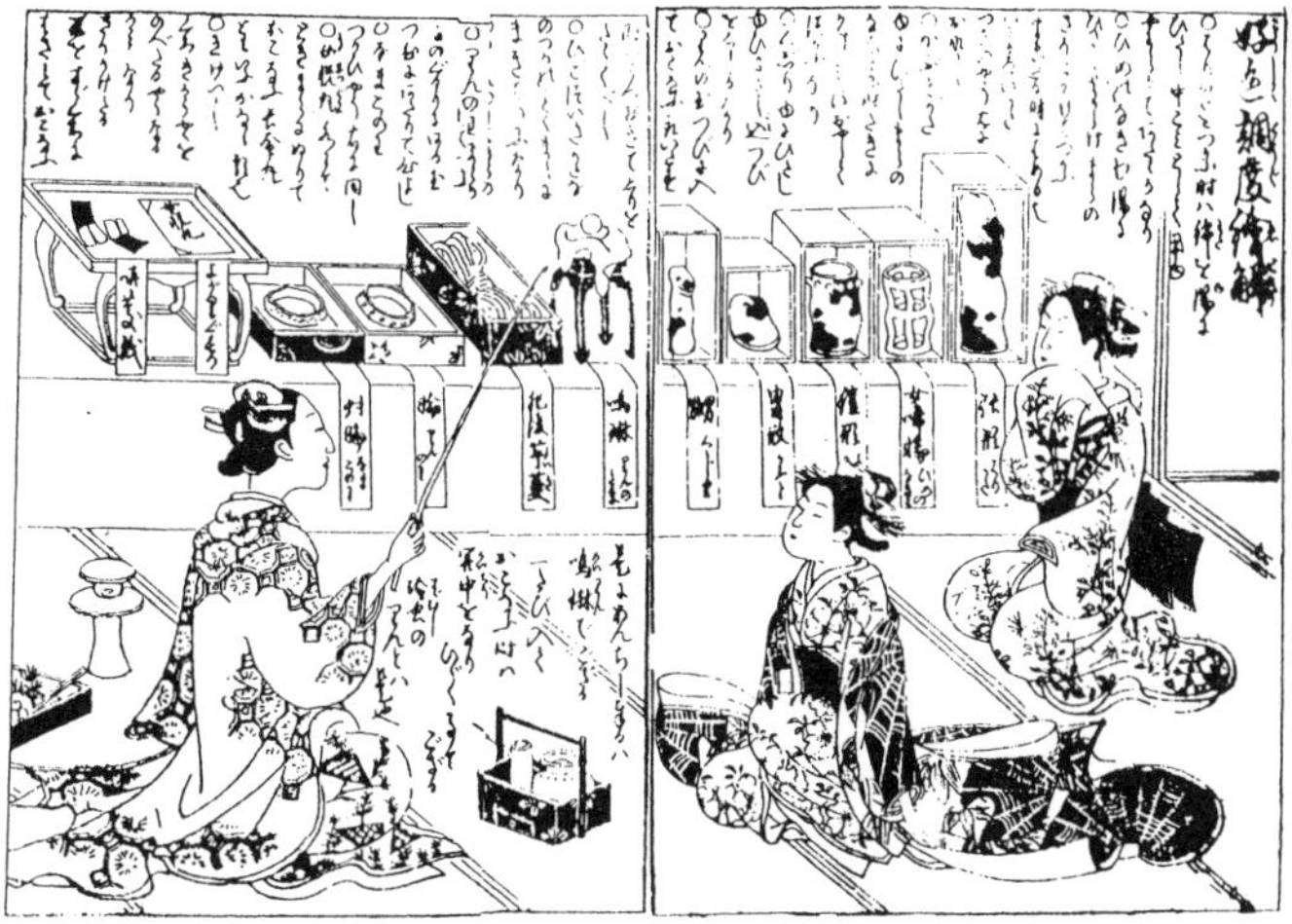

好色調度絵解（『百人一出拭紙箱』）

期──一七七三頃）に掲載されている。

「好色調度絵解《こうしょくちょうどえとき》」として、箱やお膳に入れたそれらを、麗々しく並べ、二人の女が他の女の説明を受けている図柄である。

それによれば、「○はりかたをつかふ時は、綿を湯にひたし、中こみとして用ゆ。やわらかで、あたたかなり。○ひめのなきわ。湯にひたし、やわらげ、まらのさほにかけてつかふ。なゑたる時にはめる也。○かぶとがた。湯にひたし、まらのなへたる時、さきにかけ、其後《そののち》おやしてつかふなり。○くじり。湯にひたし、ゆびにさし込み、つびをくじるなり。○りんの玉。つびに入れておこなふ。取いだす時は、うつむきて、しりをたたくべし。○ひごづいき。かたなのつかのごとく、まらにまきてつかふなり。○りんの輪《わ》。まらのかりにかけてつかふ。わのぐるりにある玉、つびにあたりて心よし。○なまこのわ。つかひやう右に同じ。○女悦丸《にょえつがん》。水にてとき、まらにぬりておこなふ。長命丸ともいふ。おなじ類也。○きけいし。くろきかうやくをのべたるやうなる紙なり。きりかけたる所を、すずぐちにはさみておこなふ」とある。

これで閨房補助具および秘薬（よがり薬）が、ほとんど網羅されている。

1、くぢり（せせり）

まず「くじり」であるが、これは張形を小形にしたようなもので、やはり鼈甲や牛角でできている。別名「せせり」とも言う。

自慰にも使われるが、これを人肌に暖めて指に嵌め、陰核の周囲や膣口の少し奥の上部を擦るためのものである。『教訓女才学《きょうくんおんなさいがく》』(文政六頃―一八二三頃)の「閨中道具狂歌十四首」では、「くぢりの図」として、「くぢりをば湯にて暖め指に嵌め使へば女気ざすなりけり」としている。

2、ひめなきわ

「ひめなきわ」(姫泣き輪)は、胴形とも呼ばれ、鼈甲または皮で作られ、張形の胴の部分にいくつも穴を網状に開けたものである。兜形と鎧形の両具を連結したような秘具である。これを男茎に嵌め込んで、そのまま女陰に挿入する。

『艶道日夜女宝記《びどうにちやじよほうき》』(明和期―一七七〇頃)には精巧な図があり、「はめやうよろひがたに同じ。此つかひやうは、女は大かた気の遅く行く者なれば、まづこれを玉ぎきに着せ、とくとく行ふべし。男のかたには、あぢうすき故、長くつかふ内、女よがりてとくと気をやらせ、其後かたをはづしおこなふべし」と、その使用法と効能とが述べられる。

男は接触面が極度に少ないので、なかなか気が高ぶらないが、その分行為が長引くので、女を絶頂に導くのに有効であるというわけである。

3、よろいがた(鎧形)

これは張形の胴の部分だけのもので、やはり格子状に隙間が多く開いている。勃起する以前に男茎に嵌《は》める。膣内での摩擦面を複雑にし、刺激を与えるための具である。

『教訓女才学』の狂歌に「これもまたへのこへはめて使ふ也玉門の中こするためとて」とある。

ひめなきわ（『艶道日夜女宝記』）

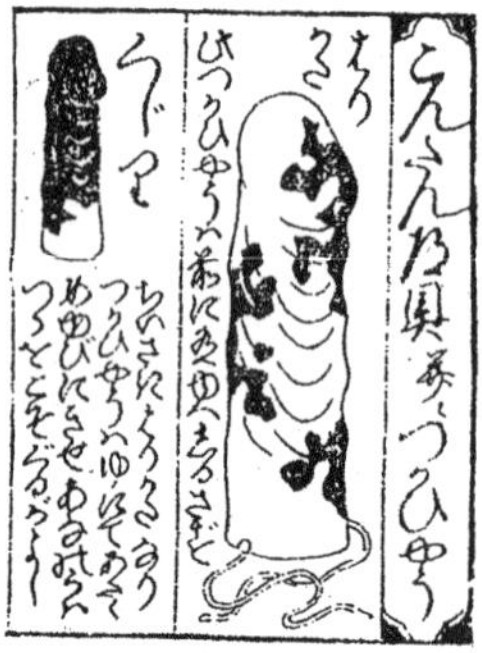

はりかた（右）とくじり
（『艶道日夜女宝記』）

ひめなきわを着けているところ（『艶色色時雨』）

『艶道日夜女宝記』では、これを胴に嵌め込んだ男根が描かれ、よがり薬を塗って行なうことを示唆している。「なへたる内に着せる。此つかひやうは、玉ぐきの裏によがり薬を塗り、玉門に入れ行へば、開中ほめきざくつくを、此かたにてうはつらをつよくこすれば、女よがりて其あぢをわすれず」とある。川柳にも、

鎧武者股倉《よろいむしやまたぐら》へ入る面白さ（安八仁6）

とあり、閨の楽しみとしている。

4、かぶとがた（兜形）

張形の頭部だけを切り取ったような形状で、鼈甲、牛角、革製である。湯で温め、勃起する前に亀頭部に嵌め込む。これは摩擦を複雑化して強い刺激を与えるためと、避妊のための両用である。『教訓女才学』の狂歌には、「兜形これもへのこの雁《かり》先へ嵌めて使へばみな嬉しがる」とあり、『艶道日夜女宝記』には、「此つかひやう、茎おへざるあいだに、かりくびにはめて、いきりすればはづるることなし。これをきせて交合すれば、男の淫水此内へたれこむ故、子をはらむことなし」とある。

5、りんの玉（緬鈴《めんれい》・鳴琳《めいりん》）

詳細は不明であるが、「りんの玉」はインドあたりが発祥で、中国を経て渡来したと言われ、

緬鈴・鳴琳という中国風の呼び名もある。

この玉は直径二センチほどの中空の真鍮製で、空洞の中には極細の金属線と金属製の小粒と微量の水銀が封入されていると言われる。微温湯に浸すと微妙な音を発して顫動《せんどう》し、その微かな響きが外部にも伝わる。大小二つで一組であるとも言う。

『教訓女才学』の狂歌に「玉門のうちへいれつつおこなへばころげまはりてよきりんのたま」とあり、膣内へ入れて交合する具である。膣内で突かれて転げ廻り快感を喚起する。取り出す時は、女を四つ這いにさせ、尻を叩くと出るという。

『柳樽末摘花余興紅の花《やなぎだるすえつむはなよきょうべにのはな》』（嘉永四頃―一八五二）の絵に、りんの玉を使って交合している夫婦の取り組みが描かれ、その詞書きに「どうだ、いやだいやだといったが、なかなかよかったらう。てめへのよがりやうときのゆきやうでしれる」と亭主が言い、「ほんにいいもんだねへ。いっそよいもんだよ」と女房が答えている。

6、ひごずいき（肥後芋茎《ひごずいき》）

蓮芋《はすいも》の茎を乾燥したもので、雁首《かりくび》から陰茎へ掛けて、刀の柄を巻くように交互に巻き付ける。この効能は、男根を太くさせ、摩擦面を複雑化して刺激を強化することと、芋茎の成分が膣内に痒みを与え、いわゆる「ほめく」ような快感を喚起させると言われる。

『教訓女才学』の狂歌では、「ひごずいきよくあたためて男根の竿へ巻くには菱形にせよ」と、その方法を歌う。『艶道日夜女宝記』では、巻き付けた絵とともに、次のようにある。「さほにま

よろいがた（『艶道日夜女宝記』）

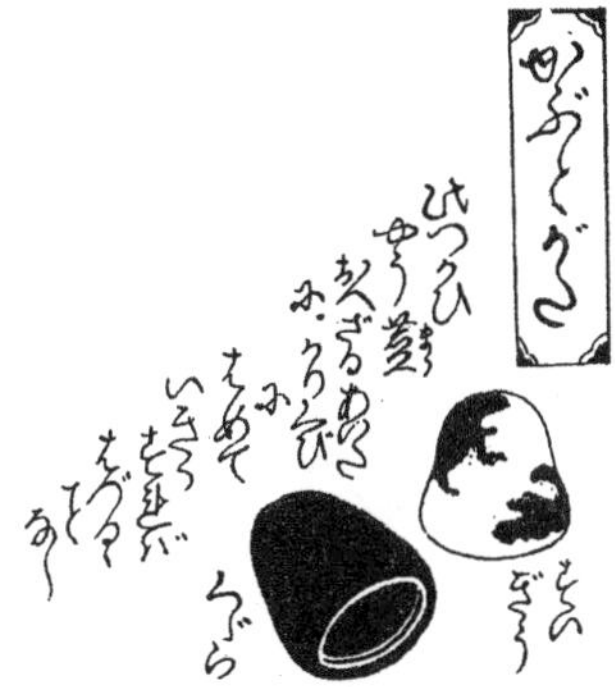

かぶとがた（『艶道日夜女宝記』）

りんの玉（『好色旅枕』）

りんの輪（右）となまこの輪（『艶道日夜女宝記』）

きつけ、玉門にいれおこなへば、開中かゆくふくれ、あたたかになり、女すすりあげ、よがることきびしく、又ずいきを五寸ばかり切て、輪にして糸にてくくり、かりくびにはめ、つかうもよし」。現在でも肥後名産として販売されているらしい。

手繰《たぐ》り出す抜けた芋茎《ずいき》の馬鹿らしさ（明七義5）

という川柳がある。行為途中で解けると始末におえないが、様子を想定するだけでも楽しい。

7、りんの輪《わ》・なまこの輪《わ》

「りんの輪」は、金属製の中空の小玉をいくつか糸で繋ぎ、数珠《じゅず》のようにした女悦用秘具である。これを雁際《かりぎわ》に嵌める。

『教訓女才学』の狂歌には、「りんのわはへのこのかりへ嵌めしうへつかへばこする玉門のふち」とあり、その効果が想像できる。

『枕文庫』初編には、「数珠玉といふ草の実にて作るもよし。金《こがね》にて作りたるもあるなり。針金にてつづりたるは用ゆべからず。誤りて開の中に疵のつく事もあらん」と述べる。「なまこの輪」は、海鼠《なまこ》の先端部分を輪切りにして乾燥させたもの。湯に漬けて軟らかくしてから、雁首に巻いて用いる。使用法も効能も「りんの輪」と同じである。

五、秘薬（よがり薬）

閨房専用の薬である。服用と塗布用の二種があり、効能上から分類すると、強精薬（腎薬）と閨房臨床薬とに大別される。当時、強精薬としては「地黄丸《じおうがん》」「たけり丸」「膃肭臍《おっとせい》」などがある。よがり薬というのは、閨房臨床薬であり、交合に際して塗布または服用するものである。これには、催淫剤として「帆柱丸《ほばしらがん》」があり、性感増大剤として「蠟丸《ろうがん》」「女悦丸《にょえつがん》」「寝乱姿《ねみだれすがた》」などがあり、交合持続剤としては「長命丸《ちょうめいがん》」などがあった。よがり薬とは、男が使用していながら、女を絶頂へ導くための薬であり、その絶頂に達した様子を感得して満足しているのは、実は男である。結局のところ、男の自尊心を満足させるための男用の薬であると言えよう。

六、長命丸

閨房秘薬として「長命丸」が著名である。長命丸という名は、室町時代の文献にも見られるが、この頃は単なる強壮薬のようである。閨房秘薬として知られるようになったのは、江戸の中期頃からで、両国の四つ目屋忠兵衛の店で売っていた。

　この四つ目屋の口上書（宣伝チラシ）に、長命丸の仕様と効能が載っている。「此薬用ひやう、犯さんと思ふ一時《いっとき》前に、唾《つわ》にて解き、頭《かしら》より元までよく塗るべし。其時ひりひりとすべし。驚くべからず。交《まじわ》る前に玉茎《たまぐき》暖かになり申候。其時、湯か茶か又は小便にて洗ひ落とし、女に交るべし。此薬用て妙は、玉茎暖かにして太さ常に優《まさ》り、勢強くして淫精泄《いんせいも》る事なく、心まかせなるべし。（略）いかほど慎《つつし》む女又は遊女にても、覚へず息荒く声を上げ腎水《じんすい》流れ、悦《よろこ》ぶ事限りなくて、男を思ふ事年寄るまで忘る事なし。（略）若し男気を遣《や》らんと思ふ時、湯か水か唾にても呑むべし。その泄《も》る事妙也」とある。

　行為前二時間に、塗り薬である長命丸を唾で溶き、男茎に丹念に塗り、行為寸前に洗い落として、

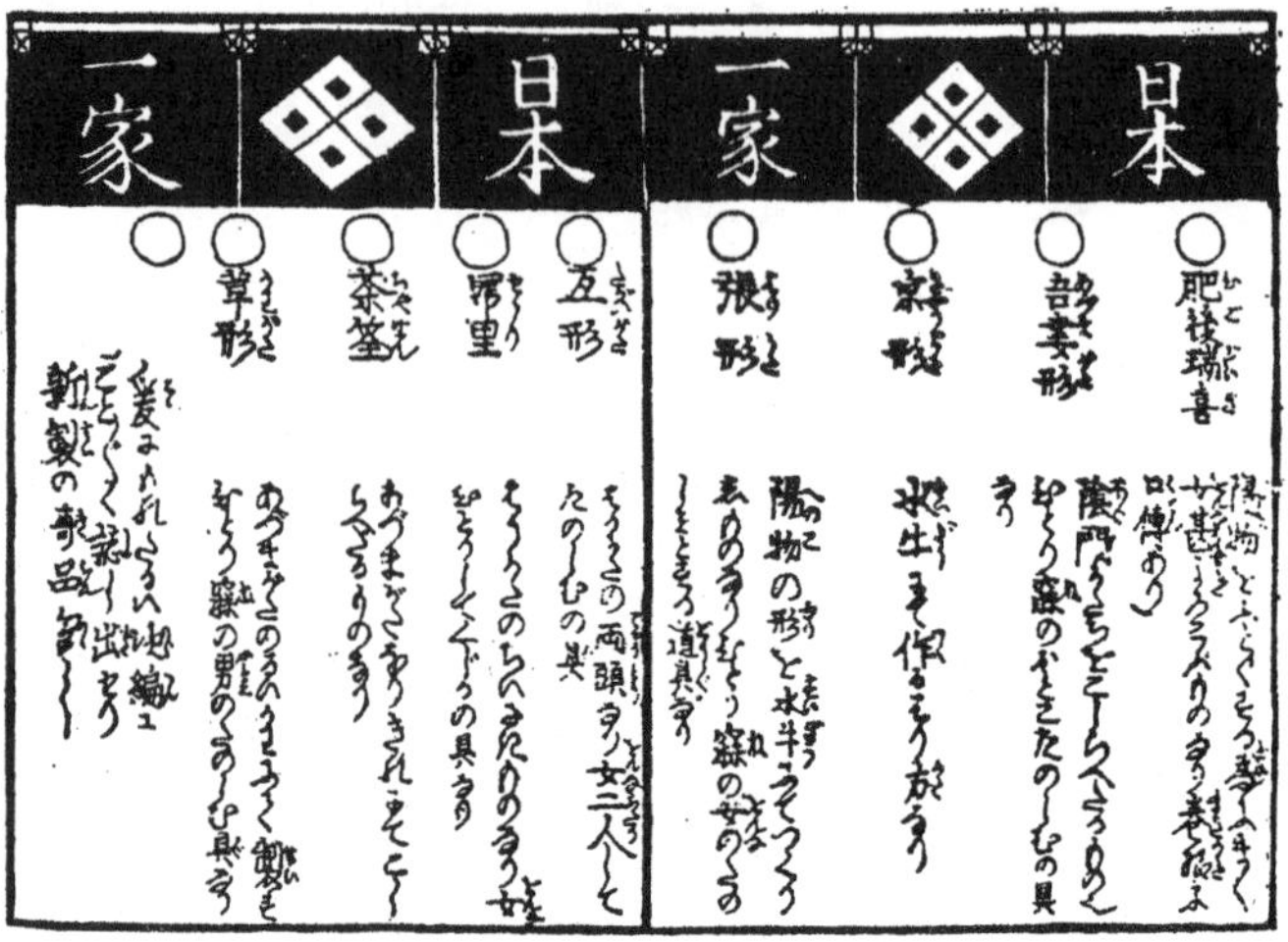

性具店「四つ目屋」の広告（江戸末）

実技に及べば、女が何回か喜悦《きえつ》しても、男は射精に至らずに持続できる。堪能した時には、湯・水・唾をゴクリと飲むと、直ちに射精するという。こんな奇妙な薬は、現代でも製造されていないので、この効能が真実かどうか疑問である。

この薬の製法が『枕文庫』初編にある。「閨中秘薬之伝」として幾種類も記されている中に、「紅毛《おらんだ》長命丸之製法。丁子《ちょうじ》、阿片《あへん》、蟾酥《せんそ》、紫稍花《ししょうか》、各一銭《おのおのいっせん》。龍脳《りゅうのう》、麝香《じゃこう》、各五分。右、七味細末《さいまつ》蜜《みつ》にて練《ねり》、交合《こうごう》の半時《はんとき》ばかり前に亀頭《かりぎわ》にぬり、あらひ落として行ふべし。其妙《そのみょう》 神《しん》のごとし」とある。

興味ある方は、自製してはいかがであろうか。四つ目屋での頒価《はんか》は、江戸末期であるが、『旧《きゅう》観帖《かんちょう》』（文化六―一八〇九）に「一包みが三十二文」とある。そんなに高価ではない。

「喜契紙《きけいし》」は、刺激性媚薬を紙に浸み込ませて乾燥させたもので、それを千切って男茎の頭へ貼って、挿入する。女は痒みを覚えて悦ぶという。「帆柱丸《ほばしらがん》」は、七日服用すれば、勃起力が増大するという内服薬である。「蠟丸《ろうがん》」は、揮発性の成分が発散しないように、外部を蠟で包んだ丸薬で、使用に際して蠟殻を割って塗布するもの。その他、数々の商品名を付けた秘薬があるが、その効能は似たりよったりである。

以上によって、江戸の性愛文化の享楽性の一端が窺えるはずである。

初出
第十二章　『別冊歴史読本』20巻37号
第十三章　『別冊歴史読本』特別増刊16号

新潮選書

江戸《えど》の閨房術《けいぼうじゅつ》

著　者………………渡辺信一郎《わたなべしんいちろう》

発　行………………2005年3月20日
17　刷………………2019年2月15日

発行者………………佐藤隆信
発行所………………株式会社新潮社
〒162-8711 東京都新宿区矢来町71
電話　編集部 03-3266-5411
　　　読者係 03-3266-5111
http://www.shinchosha.co.jp
印刷所………………錦明印刷株式会社
製本所………………株式会社大進堂

ISBN978-4-10-603547-0 C0339